4633

DÉPÔT LÉGAL
MAINE et LOIRE
N° 392

BIOGRAPHIE

DE

M. COUVERT

ANCIEN PRINCIPAL DU COLLÈGE
ET
SUPÉRIEUR DU PETIT SÉMINAIRE DE CLERMONT-FERRAND

PAR

Son Petit-Neveu le Dr COSTE

DE SAINT-GERMAIN-L'HERM

Labor improbus omnia vincit.
(Un travail opiniâtre vient à bout de tout.)

ANGERS
IMPRIMERIE A. BURDIN ET Cie
4, RUE GARNIER, 4

1894

L27n
2888.

BIOGRAPHIE

DE

M. COUVERT

ANCIEN PRINCIPAL DU COLLÈGE

ET SUPÉRIEUR DU PETIT SÉMINAIRE DE CLERMONT-FERRAND

Ln 27
42888

BIOGRAPHIE

DE

M. COUVERT

ANCIEN PRINCIPAL DU COLLÈGE

ET

SUPÉRIEUR DU PETIT SÉMINAIRE DE CLERMONT-FERRAND

PAR

Son Petit-Neveu le Dr COSTE

DE SAINT-GERMAIN-L'HERM

Labor improbus omnia vincit.
(Un travail opiniâtre vient à bout de tout.)

ANGERS

IMPRIMERIE A. BURDIN ET Cie

4, RUE GARNIER, 4

1894

BIOGRAPHIE

DE

M. COUVERT

ANCIEN PRINCIPAL DU COLLÈGE

ET SUPÉRIEUR DU PETIT SÉMINAIRE DE CLERMONT-FERRAND

Écrite de 1870 à 1873.

CHAPITRE PREMIER

RÉSUMÉ : Benoît Couvert naquit à Saint-Germain-l'Herm, en 1751. — Ses succès au collège. — A 18 ans, il s'engagea dans les dragons ; sa carrière militaire.

Rendre un dernier hommage de reconnaissance de la part de la famille Coste, à M. Couvert, notre parent et notre bienfaiteur, faire revivre sa mémoire, perpétuer le souvenir de ses belles actions, de ses bienfaits, et proposer en exemple ses mâles vertus à ses petits-neveux, tels sont les sentiments qui nous ont engagé à écrire cette notice sur sa longue et glorieuse carrière.

J... S... a dit : « Chacun a le devoir de ne pas laisser tomber dans l'oubli la mémoire de ses parents. Ce n'est pas à n'avoir pas d'ancêtres que doit tendre chacun de nous, riche ou pauvre, lettré ou non ; c'est au contraire, à en avoir, ou à le devenir au profit de ses descendants, par la mâle pratique du devoir et de la vertu. » « Je n'ai pas d'ancêtres, disait le maréchal Soult ; mais je n'en suis point humilié, je le serai moi-même. »

Telles sont les nobles pensées qui doivent avoir inspiré M. Couvert pendant toute sa vie. Cette notice est uniquement faite pour la famille Coste, ce qui nous permettra d'entrer dans quelques détails et dans des digressions qui intéressent tous ses membres.

Benoît Couvert naquit en 1751, le 24 avril, de Couvert André, propriétaire et originaire de Faveyrole, commune de Saint-Bonnet-le-Chastel, et de Chomont Benoîte, de Saint-Germain-l'Herm, arrondissement d'Ambert (Puy-de-Dôme). Il vint au monde à Saint-Germain-l'Herm, dans la maison dite du *Fignoleur*, voisine de celle des MM. Barrière et appartenant à sa mère. Celle-ci mourut de couches. Son mari ne tarda pas à la suivre au tombeau; leur enfant se trouva donc orphelin, dès sa naissance. Abandonné par ses parents paternels, il fut adopté par ses parents maternels, Joseph Pinet, son oncle, et sa tante la sœur de sa mère, Élisabeth Chomont, épouse de Pinet, grand'mère maternelle de mon père Joseph Coste. Il fut élevé par sa tante et son oncle, choyé par toute la famille et avec d'autant plus de sollicitude que tout le monde disait qu'il était un enfant magnifique et ne se lassait de l'admirer. C'était en effet un bel et gros garçon, aux yeux bleus et à la chevelure blonde. Son oncle et sa tante le regardèrent comme leur propre fils, comme le frère adoptif de leur fille, sa cousine germaine et sa filleule, Agathe Pinet. L'enfant, de son côté, les considérait comme ses père et mère et ne les appelait jamais autrement.

Ils l'envoyèrent de bonne heure à l'école, où il se fit remarquer par sa grande facilité à apprendre. Quelques personnes lettrées, telles que les MM. de la Deyte, de Labrot et autres, trouvant beaucoup d'intelligence dans cet enfant, conseillèrent à son père et à sa mère adoptifs de lui faire faire ses études. A cet effet, ces derniers lui firent donner des leçons de latin à Saint-Germain-l'Herm, pendant deux ans, et au mois d'octobre 1764 ils l'envoyèrent en quatrième, au collège de Brioude, dirigé par des professeurs appartenant à la congrégation des prêtres du Saint-Sacrement, ordre religieux fondé pour les missions et la direction des séminaires.

Ce collège florissait à cette époque; on y faisait toutes ses classes, voir même la philosophie, la physique et la première année de théologie.

Il n'y avait alors de collège ni à Issoire ni à Ambert; de plus, les relations de Saint-Germain avec Brioude étaient très fréquentes : la plupart des jeunes gens de la bourgeoisie de Saint-Germain y faisaient leurs études. Voilà ce qui engagea nos grands-parents à mettre leur pupille au collège de cette ville.

Bientôt il s'y fit remarquer par son intelligence, son travail, sa bonne conduite, et réalisa les belles espérances qu'on avait conçues de lui. Il eut de grands succès dans ses classes ; à la fin de chaque année scolaire il remportait tous les premiers prix ; ses professeurs l'aimaient beaucoup. C'est ainsi qu'il grandissait en âge et en science, et dédommageait par ses brillants succès, les sacrifices que s'imposaient volontairement son oncle et sa tante. Honneur et reconnaissance soient rendus à nos aïeux pour avoir donné à leurs enfants un bon parent, un bienfaiteur, et à l'Auvergne, un grand homme !!!

En 1767, comme l'attestent les écrits que j'ai trouvés dans ses livres de classe (*Couvert humanista anno Domini* 1767), Benoît Couvert faisait sa seconde; en 1768, il faisait sa rhétorique (*Couvert rhetorices alumnus, anno domini* 1768); en 1769, il faisait sa philosophie. Il n'avait encore que dix-huit ans, son travail, ses talents lui avaient permis d'arriver en philosophie, à un âge bien plus jeune que la plupart de ses condisciples.

Il était à la fin de sa philosophie, en 1769, lorsqu'un régiment de dragons vint à passer à Brioude. Le costume militaire, le cliquetis des armes, les chevaux et surtout la musique de ce régiment, comme il le disait lui-même plus tard, l'enthousiasmèrent et lui firent prendre la résolution de s'engager dans les dragons.

La vie monotone du collège, la lecture des hauts faits d'armes des héros de l'antiquité et des temps modernes ne suffisaient déjà plus à cette âme active, ardente, passionnée pour la gloire; il lui fallait passer de l'histoire à la réalité des faits de la vie. Aussi, on le voit à un âge où tant d'autres étaient, surtout à cette époque de ténèbres et d'obscurantisme, encore sur les bancs du collège, ne respirer plus déjà que le bruit des armes et la gloire des combats.

Pendant les vacances de 1769, il déclare à sa tante et à son oncle Pinet la résolution qu'il venait de prendre de s'engager dans un régiment de dragons. Ses bons parents furent fort attristés par cette nouvelle et s'efforcèrent de l'en détourner; mais rien ne put changer la détermination de cet adolescent de dix-huit ans.

Déjà perçait en lui cette énergie indomptable qui devait plus tard lui servir dans la période révolutionnaire de 1789 qu'il allait traverser, et qui devait lui faire jouer un rôle très important dans le département du Puy-de-Dôme. Déjà ce souffle d'indépendance, qui passait sur la France et préparait les grands maux et les grands biens de 1789, animait notre jeune héros.

Le 16 octobre 1769, Agathe Pinet, notre grand'mère du côté paternel, naquit de Joseph Pinet et de Élisabeth Chomont, propriétaires à Saint-Germain-l'Herm. Benoît Couvert voulut être parrain de sa cousine germaine et la considéra depuis ce moment comme sa sœur. Il avait l'habitude de dire : « J'ai été regardé et traité par mon oncle et ma tante comme leur enfant propre, je veux regarder ma cousine comme ma sœur; à l'avenir, je l'appellerai ma petite sœur. »

Quelques jours après on voyait notre jeune étudiant s'arracher des bras de sa famille. Accompagné de MM. Faucher, Latour, Dumont et de quelques autres amis, ses camarades de collège qui le suivirent jusqu'à Champognat-le-Vieux, il alla rejoindre le régiment des dragons de la reine, où il prit un engagement volontaire. Il passa par Brioude, afin de prendre au collège les certificats d'études et de bonne conduite qui pouvaient lui être nécessaires.

Pendant sa carrière militaire, il ne fut pas, comme ses camarades, oisif, passant son temps dans les cafés ; son activité se serait mal accomodée de l'oisiveté des casernes. Dans un recueil de compliments et d'autres morceaux de littérature, nous y voyons plusieurs pièces de vers recueillies au régiment ; entre autres, les suivantes :

« Vers à Mlle Aurore, de l'Académie royale de musique, par M. le chevalier de Meilcourt, chevau-léger de la garde. »

« Réponse de Mlle Aurore. »

« Vers à M. de Polignac, mestre de camp du régiment de cavalerie du roi. »

« Quatrain à M. le comte d'Estaing, né au château de Ravel en Auvergne, par M. Pigault de Beymont, officier au bataillon provincial de Flandre :

De tes ayeux célèbres dans l'histoire
Tu soutiens dignement la gloire et les hauts faits;
Ton nom seul, ô d'Estaing, vaut plus qu'une victoire :
Tu parais, et soudain l'on demande la paix. »

Ces pièces de vers et une foule d'autres que j'ai trouvées nous prouvent que M. Couvert s'occupait de littérature, même au milieu des camps. Comme il avait fait toutes ses études et avec succès, il se trouvait, surtout à cette époque, vu le peu d'instruction d'alors, au niveau des officiers les plus instruits.

Le costume de dragon allait très bien à sa haute stature, à ses larges épaules, à sa taille fine, à sa figure distinguée : il était beau garçon, beau cavalier, beau causeur ; aussi ne tarda-t-il pas à être remarqué de ses chefs. Son colonel lui proposa de donner des leçons à son fils ; notre dragon, naguère encore étudiant, accepta avec empressement, trouvant là une occasion de s'occuper, d'utiliser ses connaissances et de se rendre agréable à son supérieur. Il fut aussitôt aimé de son élève et du père de ce dernier. Cette position dans la maison du colonel, le mit dès le début en rapport avec tout ce qu'il y avait de mieux dans son régiment, et contribua puissament à lui donner une grande habitude, un grand usage du monde. Enfant du peuple, il compléta alors son éducation.

Bientôt plusieurs officiers du régiment, charmés des connaissances, des formes de notre jeune volontaire et entendant leur colonel faire l'éloge de son dévouement et de sa manière d'enseigner, voulurent, eux aussi, lui confier leurs enfants. Pour être agréable à ses chefs, il accepta leur proposition et s'en acquitta très bien. Tous ses supérieurs étaient enchantés d'avoir eu la bonne fortune de recevoir dans leur régiment ce jeune étudiant. Dans le traité d'arithmétique qu'il a fait lui-même plus tard, presque tous les problèmes ont rapport à l'état militaire ; on y reconnaît l'homme de guerre qui a enseigné les mathématiques au régiment.

En 1770, dans les premiers jours de mai, il fit partie de l'escadron qui fut envoyé à Strasbourg, pour attendre Marie-Antoinette ; on conduisait alors cette princesse en France pour épouser Louis XVI (récit oral de mon père et de mon oncle curé). Des fêtes continuelles eurent lieu en l'honneur de la jeune archiduchesse, depuis la frontière jusqu'à la capitale.

Grâce à son intelligence, à son travail, à sa grande aptitude pour les manœuvres de la cavalerie et de l'art militaire, notre jeune dragon arriva en très peu de temps au grade de sous-officier ; au bout de six mois il fut nommé brigadier ; au bout d'un an maréchal des logis ; six mois après maréchal des logis chef et six mois plus tard adjudant.

Comme il avait beaucoup de goût pour les armes, il s'y adonna dès le début, et bientôt, grâce à son adresse, à sa force, à sa vivacité, il fut nommé prévôt. Mais il ne se servit jamais de son habileté dans l'escrime, que pour donner des leçons à ses amis et éviter l'effusion du sang dans les duels qu'il ne pouvait empêcher. Il racontait que, très souvent, dans les duels, il avait sauvé la vie à un des combattants, en parant un mauvais coup, et que c'était là son plus grand bonheur. Plus tard lorsqu'il était principal au collège de Clermont-Ferrand, il vit aux Bughes deux soldats qui se battaient au sabre, et dont l'un était tout à fait novice, tandis que l'autre était beaucoup plus fort et cherchait à porter à son adversaire des coups traîtres et mortels. Alors, saisi d'indignation, il s'avance, prend fait et cause pour le faible et force l'adversaire supérieur à faire des excuses.

M. Douce, chanoine honoraire à Clermont, m'a cependant raconté qu'un jour, M. Couvert, habillé en dragon, étant entré dans un café à Lyon, pour y boire une bouteille de bière, entendit un soldat de la ligne disant à un camarade avec lequel il buvait, assis devant une table :

— Tu ne sais pas ce que c'est que ce cavalier ?

— Hé, pardi, répond le second, c'est un dragon.

— Oh ! ma foi non, continue le premier, c'est un contrebandier ; ne vois-tu pas qu'il a des mollets énormes dans ses bottes ? Hé bien, c'est du tabac de contrebande caché.

Pendant ce dialogue, M. Couvert demande un tire-bouchon pour déboucher sa bouteille de bière ; comme on n'en porte pas, il dit :

— Qu'est-ce que c'est que cet établissement ? Il n'y a donc pas de tire-bouchons ?

Et alors, d'un coup de sabre, il fait sauter le goulot de la bouteille, boit un verre de bière, et puis s'approchant des deux soldats en question, qui continuent à déblatérer contre lui, il leur dit :

— Hé bien, messieurs, voulez-vous que je vous donne du tabac, puisque vous prétendez que j'en ai dans mes bottes et que je suis un contrebandier ?

Comme l'un de ses adversaires a l'air de se moquer de lui, il lui donne un soufflet ; tout naturellement un duel s'ensuit ; notre faux contrebandier tue son provocateur.

M. Douce m'a dit que M. Couvert ne voulait pas qu'on lui parlât de ce fait, et que toutes les fois qu'on le lui rappelait, il ne pouvait s'empêcher de verser des larmes sur la mort de son adversaire. Nous avons encore ses fleurets. C'est ma sœur Maria, épouse de Durif d'Ambert, qui les a. Quant à son bancal et à ses pistolets, c'est moi qui les possède.

M. Langlade, juge de paix à Champagnat-le-Vieux, qui avait été élève sous M. Couvert, m'a dit qu'il avait fait au régiment plusieurs belles actions d'éclats pour lesquelles il avait été mis à l'ordre du jour. Remarquez cependant qu'il ne fut pas favorisé par les circonstances ; de 1769 à 1776, fin du règne corrompu et sans gloire de Louis XV, et commencement du règne de Louis XVI, il n'y eut pas la plus petite guerre où notre intrépide guerrier aurait pu se distinguer.

Comme les places d'officiers étaient toutes réservées à la noblesse, il ne put dépasser le grade d'adjudant. C'est ce qui l'engagea à renoncer à la carrière militaire, aussitôt son engagement fini.

De 1769 à 1776, il eut plusieurs congés qu'il passa chez son oncle et sa tante Pinet. Il chérissait beaucoup sa filleule, ma grand-mère, Agathe Pinet, et se plaisait à l'appeler : « ma petite sœur. » Il aimait à l'amuser ; lui donnait toujours quelques jouets, quelques cadeaux ; aussi il en avait toutes les faveurs.

Son oncle et sa tante lui proposèrent plusieurs fois de lui acheter un remplaçant; mais notre jeune volontaire ne le voulut jamais, leur disant : « Mes chers parents, je vous remercie beaucoup de toutes vos bontés pour moi ; mais laissez-moi terminer mon service ; quoique je voie bien qu'il m'est impossible d'arriver au grade d'officier, je veux finir mon temps ; c'est une question d'amour-propre chez moi. Je suis du reste très bien avec tous mes chefs, et par conséquent, je suis très heureux au régiment. »

Au printemps de 1777, le terme de son engagement étant arrivé, il fit ses adieux à ses supérieurs et partit à leur grand regret et malgré leurs efforts pour le retenir.

Le voilà de retour à Saint-Germain-l'Herm, au sein de sa famille, reçu triomphalement par ses parents et ses amis, les MM. Faucher, Dumon, Latour, etc. Il apporta en revenant du service militaire, six cents francs ; ceux-ci provenaient des économies qu'il avait faites sur les gratifications de ses chefs, pour les leçons qu'il avait données à leurs enfants. Ceci nous prouve son esprit d'ordre et sa sage conduite.

CHAPITRE II

RÉSUMÉ : En 1777, sur les conseils et sous la protection de l'évêque de Bonal, M. Couvert embrasse l'état ecclésiastique ; ses succès. — En 1780, il est ordonné prêtre et est choisi par M. de Léval pour précepteur de ses enfants. — En 1785, premier vicaire à Thiers ; en 1786 et 1787, il est reçu bachelier en droit civil et bachelier en droit canon. — En 1786, mariage de sa cousine germaine, Agathe Piuet, avec Antoine Coste. Reconnaissance de M. Couvert envers ses bienfaiteurs. En 178,7 curé de canton à Cunlhot.

Après le premier mois consacré aux fêtes et aux réjouissances en son honneur, avec les parents et les amis, notre jeune sous-officier commençait à examiner quelle carrière il embrasserait, lorsqu'il lui arriva une petite aventure qui décida sa vocation : Mgr de Bonal, qui le 6 octobre 1776, avait été nommé évêque de Clermont, vint à Saint-Germain-l'Herm, au commencement de l'été 1777, en tournée pastorale, pour visiter son nouveau diocèse et donner la confirmation.

Un soir, le prélat se trouve avec MM. les curés sur la place de la Rodade, lorsque tout à coup paraît son domestique monté sur son cheval et allant le faire boire : le coursier fougueux, n'ayant pas voyagé de quelques jours, se met à caracoler, à se cabrer, à faire des sauts de mouton ; bientôt voilà le cocher désarçonné, par terre, et ayant un pied engagé dans l'étrier. M. Couvert, qui se promène sur la place en costume de dragon, voyant le danger que court cet infortuné domestique, s'élance aussitôt, et en habile écuyer, saisit le cheval par la bride et l'arrête court. Le malheureux cocher est débarrassé de l'étrier auquel il était suspendu, et en est quitte pour quelques contusions légères. Mgr l'évêque s'empresse de remercier le sauveur de son domestique. Notre sous-officier lui dit alors :

— Voulez-vous, monseigneur, que je donne une petite correction à votre cheval, pour le présent et pour l'avenir?

— Je ne demanderais pas mieux, jeune dragon intrépide, mais je craindrais qu'il ne vous fît du mal à vous aussi.

— Oh! pour cela, je le lui défends. »

A peine a-t-il dit ces mots, qu'on le voit assis fièrement sur le dos du fougueux coursier. Ce dernier croyant toujours avoir affaire à son palefrenier ordinaire, commence à se cabrer, à lancer des ruades, à faire des bonds, à se rouler par terre. Chacun des assistants tremble pour notre écuyer : « Assez, assez! » crie Mgr l'évêque et avec lui tous les spectateurs; mais notre fier dompteur n'a pas l'habitude de céder à son palfroi : il l'enfourche de nouveau et l'attaque encore plus vivement. Bientôt l'animal revêche sent les côtés de sa poitrine pressés par des genoux vigoureux qui lui gênent la respiration ; une main de fer lui tient les reines de la bride et ne lui permet plus de remuer la tête; deux éperons lui sillonnent les flancs; les coups de cravache lui tombent sur le corps drus comme la grêle. Il s'élance au galop, rue, se cabre pour se débarrasser de son nouveau cavalier qu'il ne connaît pas. Vains efforts ; notre intrépide dompteur, tantôt le lance à fond de train, tantôt l'arrête court, le fait tourner et retourner encore, caracoler, avancer, reculer, bondir, sans lui laisser le temps de se reconnaître. Après une heure de cet exercice, l'animal capricieux est tout haletant, essouflé, rendu, n'en pouvant plus : il reconnaît son vainqueur et lui obéit sans bride, sans éperon et sans cravache.

C'est alors qu'aux applaudissements de la foule, M. Couvert conduit devant l'évêque son cheval, docile, souple comme un agneau.

Mgr de Bonal s'empresse de remercier le hardi dompteur de son cheval et de le féliciter sur son habileté, son courage, son sang-froid. Déjà pendant la correction donnée à son coursier, il a demandé à son entourage des détails sur cet intrépide dragon, on lui a répondu : « C'est un jeune homme du peuple. Ayant fini ses études à dix-huit ans avec beaucoup de succès, il s'est engagé comme volontaire dans les dragons de la reine, un jour où il a vu pour la première fois ce régiment, séduit par la musique et le cliquetis des armes (entraînement bien naturel à son âge). On ajoute que c'est un jeune homme très bien élevé, très intelligent, à principes, en un mot charmant, que chacun veut recevoir quand il est à Saint-Germain. »

M. Couvert avait alors vingt-six ans : c'était un magnifique cavalier à la chevelure blonde, aux yeux bleus, d'une haute stature, bien proportionné, au port majestueux, à la démarche fière, à l'air gai, à l'œil vif, aux gestes agréables, à la parole facile et enjouée.

Mgr l'Évêque, tout en le remerciant, l'engage à venir dîner avec lui le lendemain, lui disant qu'il serait enchanté de le recevoir. Notre sous-officier accepte la gracieuse invitation qui lui est faite.

Toute la soirée se passe à parler à Mgr de Bonal du libérateur de son pauvre domestique : chacun avait une anecdote, un beau trait à raconter sur M. Couvert. On le prenait à sa naissance, orphelin, adopté par son oncle et sa tante Pinet ; on parlait de son esprit, de son intelligence, lorsqu'il n'était encore qu'enfant, de ses brillants succès au collège, plus tard de son amabilité, de sa belle conduite, de ses traits de bravoure au régiment, de la reconnaissance envers ses parents, ses bienfaiteurs, etc., etc. Enfin, bref, on avait rien oublié ; tout jusqu'aux plus petits détails, devenait intéressant, charmant, à tel point que l'évêque crut voir dans la destinée de cet enfant, et plus tard dans la conduite de ce jeune dragon, quelque chose d'extraordinaire, qui dépassait le commun des hommes. Il lui tardait donc de le voir, de le faire causer et de s'assurer par lui-même de tout ce qu'on lui disait.

Le lendemain, grande réunion chez le curé de Saint-Germain, en l'honneur de l'évêque. Notre héros de la veille se rendit à ce dîner, en costume civil, et fut engagé par monseigneur à s'asseoir à côté de lui. Il va sans dire que tout le dîner se passa à adresser des questions, à faire raconter des anecdotes à notre dragon, qui s'en acquitta à merveille. Mgr de Bonal voyant que la réalité dépassait encore tout ce qu'on lui avait dit de merveilleux sur ce jeune homme, s'en enthousiasma et se mit à lui faire les questions suivantes :

— Vous plaisez-vous beaucoup, monsieur, au régiment? Vous attendez sans doute prochainement de l'avancement ? Si je pouvais vous être de quelque utilité? J'ai des amis, des protections, je serais heureux de les mettre à contribution pour vous être agréable.

— Monseigneur, lui répond notre parent, à dix-huit ans, un sabre, un casque, un cheval, et pardessus tout une musique entraînante, m'ont séduit. Tout plein de souvenirs historiques, je ne rêvais que batailles, victoires, gloire, honneur, titres honorifiques, etc. Vous connaissez mieux que personne les illusions et l'enthousiasme de la jeunesse. Pendant plusieurs années, je me suis ainsi bercé de ces espérances trompeuses ; mais aujourd'hui que voilà huit ans écoulés, depuis que je sers la patrie avec zèle et dévouement, sans pouvoir obtenir les épaulettes d'officier, le bandeau de l'illusion est tombé. Notez aussi que nous n'avons pas eu la plus petite guerre.

— Mais, comment, reprend l'évêque, vous qui avez de l'intelligence, des connaissances bien supérieures à celles de la plupart des officiers, une bonne conduite, du courage, du dévouement, de l'âme, vous nous l'avez montré hier, de l'esprit, un cœur à vous faire aimer partout, vous n'arriveriez pas aux grades supérieurs ? Ce n'est pas possible. Nous voyons tous les jours des jeunes gens qui vous sont bien inférieurs sous tous les rapports et qui parviennent très rapidement à occuper dans l'armée des positions élevées.

— Pardon, monseigneur, je vais en deux mots vous donner la raison qui m'empêchera toujours d'arriver à un grade supérieur. Vous savez aussi bien et même mieux que moi que toutes les places d'officiers sont réservées pour les fils de famille, pour les enfants de la noblesse et que les enfants du peuple comme moi, n'arrivent jamais à de hauts emplois dans l'armée, malgré leurs talents, malgré leur bonne conduite. C'est ainsi que les choses se sont passées pour moi. Dès ma seconde année du service militaire, je suis arrivé aux grades de maréchal des logis chef, d'adjudant, et de prévôt pour le maniement des armes ; mais impossible de monter plus haut. Voilà, monseigneur, un motif plus que suffisant, pour dégoûter du service militaire un Français tant soit peu intelligent et qui se sent capable de faire quelque chose de mieux que d'être sous-officier toute sa vie. »

Mgr de Bonal fut péniblement impressionné en entendant ce jeune sous-officier plein d'avenir en espérance, lui expliquer, que désormais, il n'y avait pas d'avancement possible pour lui ; convaincu de l'exactitude de ses raisons, il ne lui restait qu'à s'apitoyer sur son sort et à faire des vœux pour que l'égalité, devant la loi, fût proclamée et pour que les places fussent désormais données au talent, au mérite, et non à la fortune, à la naissance et aux protections. Mais comme notre jeune adjudant lui avait plu et qu'il était convaincu maintenant de cette supériorité que tout le monde se plaisait à lui reconnaître, il resta un moment silencieux, pensif ; puis, relevant la tête et s'adressant à M. Couvert, il lui dit :

— Je reconnais en vous, jeune homme, de l'activité, de l'intelligence, de l'âme et du cœur ; il serait dommage de ne pas mettre à profit les talents que la Providence vous a donnés ; vous êtes jeune encore, vous pouvez réussir dans n'importe quelle carrière ; si vous vouliez entrer dans le sacerdoce, vous pourriez compter sur ma protection et d'une manière beaucoup plus efficace que dans tout autre profession. Vous iriez au grand séminaire, et comme vous avez déjà fait votre philosophie, dans trois ans vous seriez incorporé dans une nouvelle armée, celle du Seigneur, où la justice se fait un peu mieux que dans l'armée des rois de la terre.

Notre adjudant sourit à cette gracieuse proposition, remercie monseigneur de l'estime qu'il a conçue de lui, dans sa bienveillance toute paternelle, et lui demande quelques jours pour consulter sa famille, et réfléchir sur l'offre qu'il venait de lui faire avec tant de générosité.

Le lendemain, Mgr de Bonal partait pour continuer sa tournée pastorale et recommandait à M. le curé de Saint-Germain, de faire tous ses efforts pour lui envoyer ce jeune sous-officier qui lui avait plu ; serrant affectueusement la main à M. Couvert, il lui disait : — A bientôt, mon adjudant, je vous attends, vous êtes mon protégé désormais, mon converti, *mon petit Paul.* »

Quinze jours après, le beau cavalier qui, déjà avait vu toutes les vanités du monde (aux âmes bien nées, la vertu, le jugement, l'expérience, n'attendent pas le nombre des années), quittait sans regret, son casque et son sabre, et se rendait à Clermont-Ferrand.

Là, il disait à l'évêque : — Monseigneur, je me rends à vos sages conseils : je laisse l'épée pour la croix et quitte l'armée du roi de France pour m'enrôler sous vos drapeaux, sous votre protection.

C'est ainsi que s'opérait, je ne dis pas la conversion de M. Couvert, car, toujours il avait eu des principes religieux et une conduite exemplaire, mais son changement de carrière.

Élevé au collège de Brioude par les prêtres du Saint-Sacrement, il avait puisé auprès d'eux des principes moraux et religieux qu'il n'a jamais abandonnés. Concluons de là à l'utilité de donner à la jeunesse de bons principes dès lé début. Le lecteur doit savoir qu'à cette époque de religion et de foi, on voyait très souvent les soldats laisser leur épée pour embrasser l'état ecclésiastique.

Dans ces temps, ces changements de profession n'avaient rien d'étonnant, rien de rare. Le clergé était alors dans l'État un corps distingué par des honneurs, des immunités, des revenus et autres droits honorifiques ou utiles. Il était reconnu pour le premier corps et le premier des ordres du royaume, et en cette qualité il était maintenu dans tous les droits, honneurs, rangs, séances, présidences, etc.; le prêtre était partout bien vu, respecté, estimé, aimé. Il était presque le seul instruit dans la société, ce qui lui donnait une supériorité marquée sur ses semblables : en effet, en France comme chez tous les peuples, les prêtres ont longtemps gardé la supériorité sur les autres classes, grâce à leur instruction beaucoup plus grande. A cette époque où les grands principes de 89 n'avaient pas encore émancipé le Tiers-État en France, toutes les carrières libérales ou un peu élevées étaient fermées aux enfants du pauvre peuple. Observons ici que dix ans encore avant la Révolution française, l'assemblée du clergé, qui ne comptait que des nobles parmi ses évèques, excluait les rôturiers des chapitres de chanoines, réservant les riches prébendes aux cadets de famille. Quant à l'armée, dix ans avant les éclatants triomphes des Hoche, des Jourdan, des Marceau, des Kléber paraissait une ordonnance de M. de Ségur, qui exigeait, pour le grade d'officier, la preuve de quatre quartiers de noblesse. Du haut en bas de l'échelle sociale régnait le privilège. Les classes tendaient à se constituer en castes comme dans l'Inde. L'inégalité était la règle, et l'unité nationale était menacée de périr, compromise par la désunion des citoyens.

La première idée que les parents de M. Couvert lui avait inculquée, avait été de se faire prêtre. Dégoûté de l'état militaire par l'impossibilité d'arriver au grade d'officier où ses talents et une noble ambition l'appelaient, il revint à sa première idée.

Notons cependant, que les quelques années qu'il passa à l'armée pour servir sa patrie, loin de lui faire du mal, lui firent au contraire, toute espèce de bien. C'est là qu'il apprit à connaître le monde; c'est là qu'il puisa ce courage, cette énergie indomptable, ces mâles sentiments, cette connaissance des hommes et des choses qui devaient lui être d'un grand secours plus tard, pour traverser la tourmente révolutionnaire, pour former les jeunes générations qui lui furent confiées, soit au collège, soit au petit séminaire. Ne voyons-nous pas aujourd'hui le service militaire devenu, avec beaucoup de raisons, obligatoire pour tous les jeunes gens?

M. Couvert passa trois ans au grand séminaire de Clermont, de 1777 à 1780. La première année il s'occupa de philosophie, comme je l'ai constaté dans un manuscrit de logique où j'ai trouvé son nom ; les deux dernières furent consacrées à la théologie. Quoiqu'il eût passé huit ans dans les camps, il put encore obtenir les premières places parmi ses condisciples qui avaient fait de bonnes études et sans interruption. Voici à ce sujet ce que m'a écrit le 15 novembre 1869, M. Tardif, un de mes amis et condisciples, aujourd'hui supérieur de philosophie au grand séminaire de Montferrand ; je rapporte textuellement ses paroles : « En sortant de l'évêché, me dit-il, je me rendis chez M. Dousse, chanoine, qui a été maître d'études au petit séminaire sous le supériorat de M. Couvert et qui l'a connu plus particulièrement encore aux Carmes où il a été vicaire. Là j'ai été un peu plus heureux ; ce que M. Dousse, sait sur votre oncle, il le sait pertinemment. Voici les quelques détails qu'il m'a donnés :

« A votre question troisième, *sa conduite, ses succès pendant qu'il était au grand séminaire*, il m'a répondu qu'il était sorti un des premiers de son cours : il le mettait même le second et donnait la première place à un M. Serre qui a été curé à Pontgibaud. »

A l'appui de ce récit, j'ai encore dans la bibliothèque de mon grand-oncle Couvert, quatre volumes in-quarto, intitulés *Menochii, doctoris theologi, commentarii, totius scripturæ*. Sur la première page de chaque volume, on y voit collée une feuille sur laquelle sont les armoiries de l'évêque de Bonal, avec cette inscription au-dessous : « *Præmium laboris et virtutis, ex dono illustrissimi, Francisci de Bonal episcopi Claromontensis.* »

Au-dessous, M. Couvert a mis une bande de son journal ainsi conçue : « M. Couvert, chanoine à Clermont », pour indiquer que ces livres lui avaient été donnés en prix. M. Gammon, ancien supérieur de philosophie à Clermont, a dit à M. Tardif, qu'en effet, M. de Bonal, pour animer les études avait institué des prix, soit pour la philosophie, soit pour la théologie, consistant en livres sur lesquels on voyait l'inscription rapportée ci-dessus.

En 1780, il fut ordonné prêtre par M. de Bonal qui l'aimait beaucoup et l'appelait toujours son protégé, son adjudant. Afin de le bien poser à l'évêché, ses parents lui firent alors ce qu'on appelait *son titre clérical*, en lui donnant : 1° la caserne, maison affermée à cette époque aux cavaliers de la maréchaussée ; elle était placée à la suite de l'ancienne cure, près du jardin Latour :

2° la maison dite du Fignoleur; 3° le jardin et la Chenevière dits les Chanvres, qui furent plus tard donnés à mon père, le tout produisant un revenu de 600 livres. Ces quatre immeubles appartenaient à sa mère et à sa tante qui les avaient jouis en commun. Ils sont toujours restés indivis. Ma grand'mère a offert plusieurs fois à son cousin de lui donner la moitié des revenus qui lui revenaient pour sa portion; mais jamais il n'a voulu rien accepter.

Dans le principe, la caserne n'avait que deux étages, un rez-de-chaussée et un premier. C'est mon grand-père qui l'a fait rebâtir et exhausser d'un étage. Les cavaliers de la maréchaussée s'y sont installés en 1778 et y sont restés jusqu'en 1834, à raison de trois cents francs, tandis qu'aujourd'hui ils donnent 800 francs. Ma tante Catherine m'a dit que la première République avait fait perdre à son père, dix années de ferme, de 1791 à 1801. C'est ce qui arriva pour les jouissances de la rente française.

Par *titre clérical* on entendait alors *le revenu dont chaque prêtre ou clerc devait faire preuve avant que de recevoir les ordres sacrés; c'était le fond qui devait être assuré pour la subsistance d'un ecclésiastique, avant qu'il fût promu aux ordres sacrés*, sinon il était considéré comme pauvre, et était admis comme tel dans l'état ecclésiastique; plus tard, n'ayant pas de revenus suffisants de par devers lui, il était moins bien considéré et n'offrait pas la même responsabilité, la même indépendance, les mêmes garanties que celui qui s'était constitué son titre clérical, sa dot pour ainsi dire, et par conséquent ne pouvait pas arriver à occuper les hauts emplois du sacerdoce. La constitution de son titre clérical fut d'une très grande utilité à M. Couvert pour le poser aux yeux de l'évêché et de ses supérieurs, et pour contribuer à son avancement.

Admirons ici la générosité et la grandeur d'âme de nos aïeux qui s'imposent jusqu'au bout les plus grands sacrifices pour assurer à leur neveu un brillant avenir. Disons aussi qu'il fallait que leur pupille leur inspirât une bien grande confiance. Nous verrons plus tard qu'il réalisa la haute idée qu'on avait de sa grande âme. Comme ses parents paternels l'avaient abandonné dans son enfance et dans sa jeunesse, il n'eut jamais aucun rapport avec eux. Malgré leur oubli, il poussa cependant la générosité jusqu'à leur laisser le bien qui pouvait lui revenir de son père.

Notre lauréat de théologie avait vingt-neuf ans lorsqu'il fut ordonné prêtre. Pendant les trois années qu'il passa au grand séminaire, il s'y fit aimer de ses maîtres et de ses condisciples par son bon caractère, par ses manières distinguées et polies, etc.

La famille de Léval, l'une des premières de l'Auvergne, vint alors demander à Mgr de Bonal, un jeune abbé pour faire l'éducation de ses enfants, disant qu'elle voudrait un jeune homme instruit, ayant l'usage du monde et capable de former l'esprit et le cœur de ses fils. Monseigneur lui répondit : « J'ai le sujet qui vous convient, pourvu qu'il veuille accepter votre proposition : c'est l'abbé Couvert, mon protégé, un de nos meilleurs élèves, ancien sous-officier des dragons de la reine. Il s'est déjà occupé d'enseignement au régiment, a sauvé la vie à mon domestique, etc., etc. C'est un très beau garçon, d'un âge mûr, sérieux, qui a vécu dans le monde et qui n'est pas superficiel. Il a un bon esprit, un discernement juste, et la plupart des connaissances humaines lui sont familières ; d'une âme ferme, de mœurs douces ; il a été militaire et homme de lettres, et par conséquent il réunit des qualités qu'il est très difficile de trouver en même temps chez le même sujet. »

Sur de tels renseignements, M. de Léval voulut absolument parler lui-même à M. Couvert, afin d'employer tous les moyens pour l'attirer dans son château. Bientôt, à sa vue, charmé par sa belle tenue et ses allures nobles et fières, il lui dit : « Mgr l'évêque m'ayant fait un éloge pompeux de votre personne, je serais enchanté, monsieur l'abbé, de vous avoir pour gouverneur de mes fils ; Vous serez considéré comme un enfant de la maison et vous aurez à votre disposition, domestiques chevaux et voitures... »

Sur les conseils de Mgr de Bonal, M. Couvert accepta les offres séduisantes de M. de Léval : habitué à vivre dans la grande société, il pensa qu'il aurait plus de satisfaction à être au milieu de la famille illustre des de Léval, que vicaire dans quelque ville ou bourgade de la province.

Il fut admirablement bien reçu dans la maison de Léval et bientôt adoré de ses élèves et de leurs parents. En bon gouverneur, il s'occupa non-seulement à instruire ses élèves dans les lettres et les sciences, mais plus particulièrement encore à former leur cœur par rapport aux vertus morales, leur esprit par rapport à la pratique, à la conduite de la vie, à la connaissance du monde et des qualités nécessaires pour y réussir. Il leur donnait une éducation martiale, un peu lacédémonienne; lorsque, dans l'histoire, une belle action, une belle pensée se présentaient, il disait à ses élèves. « Méditez-ceci et dites-vous : si jamais j'étais dans une position semblable à celle de ce héros, de ce grand homme, je ferais de même. » Et au contraire, il stigmatisait les mauvaises actions, les vices, les défauts des personnages historiques. Il s'occupait ainsi à faire naître dans le cœur, les grands principes du *devoir*, de l'*honneur*, la distinction du *bien et du mal*, du *juste* et de l'*injuste*, du *devoir* et de l'*intérêt*, les notions du droit, de la liberté, du mérite et du démérite, de l'obligation morale, des devoirs que l'homme doit remplir envers lui-même, envers ses semblables, sa patrie et Dieu. Chaque trait de l'histoire lui donnait l'occasion de faire une application de la morale.

Dans le tome XVI de l'*Encyclopédie* du XVIIIe siècle, j'ai trouvé à l'article *Gouverneur d'un jeune homme*, une feuille de papier sur laquelle il a écrit les conseils suivants :

GOUVERNEUR D'UN JEUNE HOMME ;

« Excellent article supérieurement traité par M. Lefebvre. Tous ceux qui sont préposés à l'éducation publique ou particulière devraient le lire et le relire sans cesse. »

Qu'on lise en effet cet article admirablement bien fait, et l'on verra que M. Couvert, en suivant de semblables conseils, a dû être un professeur, un principal d'un rare mérite. Un tel maître ne pouvait manquer de gagner la confiance, l'estime, le respect, et l'amitié de toute la famille de Léval qui, pendant sa longue carrière ; fut toujours pour lui une amie dévouée, comme nous le verrons plus tard. Il n'y a que les hommes de mérite qui savent s'attacher ainsi des amis. Il devint bientôt l'âme et le conseil de la maison ; on ne faisait rien, on ne prenait aucune détermination sans consulter M. Couvert. Celui-ci, de son côté, par sa noble conduite, son dévouement, sa délicatesse, sa probité, son tact des convenances, et son grand cœur se rendit digne de l'amitié, de la confiance et de la reconnaissance de tous les membres de cette famille.

Dans son recueil de compliments et autres petites pièces, nous y trouvons les suivantes, qui ont dû être recueillies par lui pendant qu'il était dans la maison de Léval. Voici leurs titres :

« Vers chantés à Mme de Beauregard pour le jour de sa fête par Mlle de Beauregard sa belle-fille. »

« Bouquet chanté la veille de sainte-Catherine, jour de son anniversaire et de la fête de sa maman par mademoiselle... »

« Bouquet de Mlle de Saint-Léger à son papa. »

« Bouquet à M. Monnet présenté par sa fille, âgée de huit ans et demi, le jour de sa fête. »

« Couplets composés par une dame de Compiègne et chantés à son mari la veille de sa fête, le 24 août 1782. »

« Bouquet d'une fille à sa mère. »

Nous y voyons une foule d'autres sujets semblables qui ne pouvaient intéresser notre parent que pendant qu'il était gouverneur des enfants de Léval, pour lesquels il devait faire des compliments dans certaines occasions.

Dans la maison de Léval, l'abbé Couvert, eut occasion de faire connaissance avec toute la noblesse de l'Auvergne et des provinces voisines, et particulièrement avec la famille de Combarel alliée à la famille de Léval. Il resta cinq ans dans cette famille, c'est-à-dire, de 1780 à 1785. A cette époque M. de Bonal, qui ne perdait pas de vue son protégé et qui avait ses projets sur lui, voulut l'envoyer vicaire à Thiers, afin de lui donner de l'avancement dans la carrière ecclésiastique. Malgré les désirs de la famille de Léval de le retenir, l'abbé Couvert s'empressa d'obéir à la volonté, toute paternelle du reste, de son bienfaiteur. Celui-ci n'agissait ainsi que dans ses intérêts et parce qu'il savait pouvoir compter sur l'ancien sous-officier de dragons.

Au mois de septembre 1785, il fut nommé vicaire à Thiers, et en 1786, il passait premier vicaire dans cette ville.

Thiers était à cette époque, comme aujourd'hui une ville très importante à cause de sa nombreuse population ouvrière et surtout très difficile à bien administrer. Avec des ouvriers relâchés dans les mœurs, instruits, raisonneurs, se nourrissant de Voltaire et de Jean-Jacques Rousseau, il fallait, pour agir sur eux, pour premier vicaire, un homme intelligent, expérimenté, populaire, énergique, qui payât de sa personne, de sa vie passée et de ses actes. Mais quel est celui qui, mieux que M. Couvert, pouvait dire : « Je connais le monde, je l'ai vu et j'en suis revenu converti. » Sa personne, sa conduite, seules étaient une prédication. On pouvait dire de lui, du moins, qu'il prêchait d'exemple. Aussi, dès son début, le vit-on prendre une grande influence sur les ouvriers, s'en faire estimer et aimer ; en un mot il réussit parfaitement bien dans la cité manufacturière de l'Auvergne.

Voici un compliment qui a été fait à Thiers par les enfants du catéchisme à l'abbé Couvert :

O vous, dont le zèle pieux
A la religion consacre notre enfance,
Vous voyez le plaisir et la reconnaissance
Briller ici dans tous les yeux !
Tout s'y ressent du jour heureux
Que nous donne votre présence.
Oui, qu'il est doux de voir le sage et doux pasteur
Qui, prêchant la vertu chaque jour dans ce temple,
Lui gagne d'autant mieux le cœur
Qu'il est persuadé déjà par son exemple.
Je vois le pauvre en pleurs vous bénir à jamais,
Et levant vers le ciel ses mains infortunées,
Lui demander pour vous, autant d'années
Que chaque instant sur lui vous versez de bienfaits,
Puissiez-vous donc, au gré de nos vœux satisfaits,
Guider un siècle encore le troupeau dont le zèle
Répond à vos soins assidus !
Oui, l'on prend aisément du goût pour les vertus,
Quand on en chérit le modèle.

Ces vers font l'éloge du vicaire de Thiers mieux que tout ce que nous pourrions dire.

Comme d'une part, il avait compris les avantages de la science, et comme d'autre part il avait toujours eu beaucoup de goût pour l'enseignement, il résolut de se faire *graduer*, afin de se lancer dans cette carrière. Voyez ici la ténacité de ce caractère : il a trente-quatre ans, il est accablé d'ouvrage, il a presque perdu huit ans au service de la patrie ; c'est égal, rien ne l'empêchera de mettre à exécution son projet et il triomphera.

Labor improbus omnia vincit (Un travail opiniâtre vient à bout de tout) ; bel exemple à proposer à ses petits-neveux !

Le 23 juillet 1786 il se présente à l'Université de Valence pour y subir un examen. Le 16 juillet 1797 il y retourne pour en subir un second et obtenir ainsi ses grades ; voici à ce sujet la lettre que M. Lacroix, conservateur des Archives départementales de la Drôme, m'écrit le 27 février 1872, en ayant soin d'y transcrire les deux diplômes de M. Couvert.

PRÉFECTURE
de la
DROME

NOTE OFFICIELLE

Valence, le 27 février 1872.

« Monsieur le Docteur,

« Bien que les pièces de l'Université de Valence soient classées, il a fallu chercher assez longtemps pour trouver ce que vous demandez, par la raison que les dates n'étaient pas précises.

J'ai trouvé en 1786 et 1787, les deux diplômes obtenus par M. Benoît Couvert : en voici une copie sur papier libre.

UNIVERSITÉ DE VALENCE

En 1874, M. Lacroix, archiviste à Valence m'envoie, sur ma demande, une expédition sur parchemin des deux diplômes de M. Couvert, dûment légalisée, je la conserve religieusement. En voici une copie.

Archives départementales de la Drôme (*D.* 21 *et D.* 29)

Approbatio facta in collegio Doctorum almœ.

Universitatis, D. Bénedicti Couvert, presbytéri, Sti Germani, vulgo l'Herm, diocesis Claromontanœ, pro consequendo baccalaureatu in utroque jure œtatis beneficio, per antecessores regios et doctores aggregatos subsignatos et creatio per M. Antonium Daurelle sacræ facultatis Doctorem cathedralis ecclesiœ decanum necnon hujusce universitatis vice concellarium ad prœsentationem clarissimi viri Nicolaï Mariœ Valetti Consiliarii et antecessoris regii juris intriusque.

Actum in aulâ regiâ academicâ, anno domini millesimo septingentesimo octogesimô sexto die vero vigesimâ tertiâ mensis Julii.

Au registre ont signé : Du Bessé, Tissonnier, Realier, Aymard, Desbois, Finet, Boveron, Dupré et Couvert.

Collationné. — L'archiviste Lacroix.

Anno Domini millesimo septingentesimo, octogesimo, septimo, die vero decimâ sextâ mensis julii Dominus benedictus Couvert, presbyter sancti Germani vulgo l'Herm, diocesis Claromontanœ, pro consequendo baccalaureatu in introque jure, œtatis beneficio, approbatus fuit prœvio examine habito in aulâ Regiâ academicâ per antecessores regios et doctores aggregatos subsignatos :

Au registre ont signé : Dupre, Realier, Desbois,

Pour copie conforme délivrée à Valence, le 12 février 1874,

Le secrétaire général de la Préfecture,
Fougères.

En 1869, ma tante Catherine Coste m'a donné une petite boîte ovale, en fer blanc, de 0m,06 de long sur 0m,04 de large contenant une empreinte en cire rouge, avec un Saint-Esprit au milieu, et ces mots autour : « *Sigillum palmœ universitatis Valentinœ* (Sceau de la palme de l'Université de Valence). » M. Lacroix m'a dit que c'était le sceau de l'Université de Valence. Dans cette boîte se trouvait un ruban ayant cinq bandes longitudinales deux violettes, deux blanches et une rouge au milieu. A une boucle était suspendue une petite croix en argent. La boîte était percée de trois trous par lesquels sortait la cire qui la fixait à un parchemin.

Ma tante Catherine m'a dit qu'après la mort de son oncle Couvert, son frère, le curé de Novacelles avait dit à sa mère : « Vous n'avez pas besoin de ce parchemin de mon oncle Couvert, donnez-le moi. » Et là-dessus il l'avait pris, laissant à ses sœurs, sur leur demande, la petite boîte, le ruban et la croix en argent. A la mort de mon oncle, je n'ai pas trouvé le parchemin dans ses papiers. Ma tante Catherine l'a peut-être chez elle ; c'est un titre précieux pour la famille. Quant à moi je pense que ce parchemin devait être les deux diplômes dont je viens de parler.

Le 15 mars 1872, l'abbé Lassagne ex-professeur de théologie à Reims, et actuellement directeur de la Bibliothèque du séminaire de Saint-Sulpice à Paris, m'a répondu aux renseignements que je lui demandais sur ce que pouvait faire supposer ce sceau de l'Université de Valence avec ce ruban et cette croix en argent : « A votre septième question, j'ai consulté des hommes de la partie qui m'ont dit que cela prouvait que *M. Couvert était lauréat de l'Université de Valence.* » Ainsi donc voilà un nouveau titre glorieux pour notre parent. Je conserve précieusement cette boîte.

D'après ces deux diplômes, nous voyons que M. Couvert était *bachelier en droit civil et en droit canon* (*in introque jure*).

A l'article *Gradués*, de l'*Encyclopédie* du XVIIIe siècle, nous lisons : « Le temps d'études nécessaires pour acquérir les degrés à l'effet de pouvoir requérir les bénéfices, est réglé par l'ordonnance de Louis XII ; ce temps est de cinq ans pour les bacheliers en *droit canon*, à moins qu'ils ne soient nobles (*ex utrâque parte*), et d'ancienne lignée ; auquel cas il suffit qu'ils aient étudié trois ans. » Or, M. Couvert a été reçu bachelier en *droit civil* et en *droit canon* ; il lui fallait par conséquent plus de cinq ans d'études jugez par là de la difficulté de ces examens.

Il est dit après : « Dans les nominations aux bénéfices entre plusieurs *gradués* nommés, qui sont également anciens, on préfère le plus qualifié : ainsi les bacheliers en droit canon ou en droit civil sont préférés aux maîtres ès-arts; les bacheliers en droit canon, aux bacheliers en droit civil. » Ces deux diplômes étaient donc supérieurs à celui de maîtres ès-arts.

Plus loin nous lisons : « Pour qu'un *gradué* soit censé *rempli* il faut au moins quatre cents livres de revenus en bénéfices obtenus en vertu de ses grades, ou six cents livres en bénéfices obtenus autrement qu'en vertu de ses grades, si c'est un ecclésiastique séculier. Les gradués ne sont pas remplis par des pensions qui ne sont pas cléricales; mais celles qui leur tiennent lieu de la dotation d'un titre ecclésiastique, les remplissent comme des bénéfices. » Or, nos grands parents avaient constitué, comme nous l'avons dit plus haut, à leur neveu, son titre clérical de la valeur de six cents livres. Il était donc bien en règle pour arriver aux emplois élevés dans le sacerdoce.

A l'article *Gradués* de l'*Encyclopédie*, nous voyons une foule d'avantages, de bénéfices ecclésiastiques attachés à ce titre : en voici quelques-uns : « Pour posséder une cure dans une ville murée, il faut être gradué; la dispense des degrés qui serait donnée par le pape ne serait pas admise. Les chanoines, chapitres, doyens, abbés, évêques, archevêques, cardinaux, etc., doivent être gradués. Pour posséder une dignité dans une cathédrale ou la première dignité d'une collégiale, il faut être au moins bachelier en théologie ou en droit canon. Les régents (professeurs) septennaires de l'université et les principaux d'un collège célèbre sont préférés à tous les gradués. »

Disons dès à présent que M. Couvert fut professeur au collège de Clermont et plus tard principal de ce même collège, et par conséquent apte aux plus hauts emplois du clergé.

Au milieu de juillet 1786, Antoine Coste, de Saint-Germain-l'Herm, demanda en mariage Agathe Pinet, alors âgée de seize ans révolus. La mère de ma grand'mère, Elisabeth Pinet-Chomont veuve (son mari étant mort depuis 1772), accompagnée de son futur gendre, se rendit à Thiers pour communiquer le mariage de sa fille à son neveu et fils adoptif, l'abbé Couvert, et l'engager à venir bénir cette union. Celui-ci lui répondit :

Ma chère mère, M. le curé de Thiers étant absent, je suis obligé de le remplacer, en ma qualité de premier vicaire. En outre je suis très occupé à préparer mon examen du baccalauréat que je dois aller passer à Valence, vers la fin de ce mois. Je ne puis donc me rendre à votre aimable invitation pour bénir nos jeunes fiancés. J'en suis bien contrarié ; mais mon voyage ne sera que retardé.

Chère mère, depuis longtemps je vous ai dit que tout ce que je laisserai en mourant sera pour ma sœur Agathe, en reconnaissance des grands services que vous m'avez rendus depuis ma naissance ; mes intentions sont toujours les mêmes, je vais donc faire appeler mon notaire, et je vous donnerai ma procuration et ma promesse où je déclarerai que j'institue ma cousine Agathe, mon héritière universelle de tout ce que je laisserai au moment de mon décès ; par ce moyen votre notaire, de Saint-Germain n'aura qu'à insérer dans le contrat ma donation.

Nos parents le remercièrent beaucoup de sa bonté et de sa générosité. Bientôt le notaire arrivait, et M. Couvert lui dictait lui-même sa procuration et son engagement conçus ainsi que nous venons de le dire. Ce fait suppose de la part de M. Couvert un grand cœur, et de la part de sa tante et de son oncle, des services et des soins vraiment paternels.

Le mariage fut célébré le 8 août 1786. Ma tante Catherine m'a fait le récit suivant : « On fit de grandes noces ; les jours suivants, la famille de Labrot du château de Sauzet et la plupart des bourgeois de Saint-Germain vinrent faire une visite aux jeunes mariés, en considération de l'abbé Couvert, leur ami, et par estime pour ses bienfaiteurs. » C'était la simplicité et la bonhomie des mœurs des anciens. Nous voyons dans ce fait et dans le récit suivant, une preuve de considération et d'estime que l'aristocratie du pays avait pour notre parent.

Mon beau-frère, Pierre Ahon, m'a dit : « Toutes les fois que l'abbé Couvert était à Saint-Germain, il allait chaque jour célébrer sa messe dans la chapelle du château du Sauzet, où mon père la lui servait. Presque toujours il déjeunait ou dînait avec la famille de Labrot.

En 1787, Mgr de Bonal, qui avait eu occasion d'apprécier le mérite, le tact et le talent administratif de son protégé pendant son vicariat à Thiers, le nomma curé à Cunlhat, petite ville de 3,500 habitants, dans l'arrondissement d'Ambert, qui, trois ans après, devint un chef-lieu important de canton. C'était l'une des meilleures cures du département, tant sous le rapport religieux que sous celui du produit et de la belle société à y voir : cette localité et les communes circonvoisines qui en dépendaient, étaient habitées par plusieurs grandes familles appartenant à la première noblesse d'Auvergne. Voilà une preuve de l'estime que les supérieurs de M. Couvert avaient de lui ; en effet, au bout de deux ans et demi de vicariat et à l'âge de trente-sept ans, le nommer curé à Cunlhat, c'était évidemment reconnaître en sa personne un homme de mérite.

Là, il devint l'ami des MM. de Guérines, de Bathier, de Roure, de Méda, des Thioles et de Lapraderie, et se fit aimer de tous ses administrés. Il disait lui-même, lorsqu'il venait chez mon grand-père, qu'il était parfaitement bien à Cunlhat. Mais cette localité était pour cet homme un théâtre trop petit. Ce qui lui avait toujours plu par-desus tout, c'était l'enseignement, la grande société. D'un autre côté, il n'aimait pas les confessions ; or, comme il était très goûté à Cunlhat, il avait presque tout le monde à confesser. Lorsqu'il venait à Saint-Germain, les dames et les béates demandaient à se confesser à lui ; mais cette préférence ne l'amusait guère. Mon père m'a rapporté à cet occasion, lui avoir entendu dire plusieurs fois : « J'aimerais mieux avoir à confesser un régiment de dragons qu'une seule béate. » Ces diverses raisons furent cause qu'il ne resta guère à Cunlhat.

CHAPITRE III

Résumé : En 1788 M. Couvert se lance dans l'enseignement et est nommé premier professeur de sixième au collège de Clermont-Ferrand. — En 1791, il refuse de prêter le serment exigé par la Constitution et se cache chez ses parents et ses nombreux amis. — Son odyssée de 1791 à 1801. En 1794, il émigre en Angleterre avec les MM. de Combarel et de Léval. Il revient en France après le Concordat, en août 1801.

Au milieu de l'année 1788. il demanda à Mgr de Bonal la permission d'entrer dans l'enseignement, sa véritable vocation, sa carrière de prédilection. Il songeait à préparer d'autres examens pour arriver jusqu'au doctorat : il était alors *gradué, chebalier en droit civil et en droit canon*, mais cela ne lui suffisait pas.

Voyez cette âme énergique, il poursuit sa première idée : il s'est constitué son titre clérical, puis s'est fait *graduer*, et maintenant il va au collège de Clermont-Ferrand en qualité de professeur pour préparer son doctorat. Au reste, comme nous l'avons vu plus haut, les régents *septennaires* (les professeurs de l'Université) et les principaux d'un collège célèbres étaient préférés à tous les *gradués* dans la nomination des bénéfices et des emplois. Voilà un homme qui comprend l'importance de l'instruction et des grades : avis à ses petits-neveux.

Ambroise Tardieu dit, dans son *Histoire de Clermont* :

Après le départ des jésuites de Clermont, en 1762, le collège fut confié à des ecclésiastiques de la province, sous la surveillance, d'un bureau, à la tête duquel était l'évêque. Les lettres patentes du roi portent, que le collège se composait d'un principal, d'un sous-principal, de deux professeurs de théologie, d'un professeur de rhétorique et de cinq régents pour les deuxième, troisième, quatrième, cinquième et sixième classes. Arrivèrent les grands événements de la fin du dernier siècle qui firent passer le collège de Clermont par différentes phases. En 1791, le principal et plusieurs professeurs du collège de Clermont refusèrent de prêter le serment que la Constitution exigeait des ecclésiastiques :

C'étaient MM. François Parrot principal, Martin professeur de théologie, Gallot et Allier professeurs de philosophie, Gauchet professeur de rhétorique, Dauzat professeur de seconde, Parrique professeur de troisième, Aymard professeur de quatrième et Couvert professeur de sixième.

En 1791, le collège fut remplacé par l'Institut dirigé par des instituteurs laïques nommés par la Directoir du département.

M. Tardif, supérieur de philosophie me dit dans une de ses lettres :

D'après ce que vient de me dire M. Chaix, curé actuel des Carmes, homme très érudit et qui connaît beaucoup de détails sur la vie de M. Couvert. En 1791, M. Couvert était le premier professeur de sixième au collège de Clermont ; il refusa le serment, fut pendant quelque temps homme d'affaires à Saint-Georges-de-Mons, canton de Manzat, près Riom, chez les MM. de Léval. L'on montre encore aujourd'hui une haie d'arbres que l'on dit avoir été plantée par lui.

M. Chaix me répétait la même chose en 1873. M. Couvert a donc resté professeur au collège de Clermont de 1788 à 1791.

Dans son recueil de compliments, j'y ai trouvé le bouquet suivant qui lui fut adressé par ses élèves en 1790.

Bouquet :

A notre âge on sait peu louer,
Mais la tendre et naïve enfance
Sait déjà sentir et vouer
Son cœur et sa reconnaissance
A vous, aimable instituteur.
Daignez-en accepter l'hommage
Et que l'éclat de cette fleur
Sans cesse en retrace l'image.

Voici la réponse de M. Couvert :

« Puissé-je, messieurs, semer de l'agrément et de l'intérêt dans mes leçons, vous rendre aimable l'étude des belles-lettres, vous faire trouver de la douceur à les étudier. Puissé-je, par mes faibles soins et surtout par mon zèle soutenu, mériter votre amitié ! Quel honneur pour moi, si dans des moments aussi rapides, je parvenais à faire des élèves qui se distinguassent ! Oui, j'ose m'en flatter : déjà, je vous vois animés du désir de me seconder avec ardeur ; déjà vous brûlez de mettre à profit tous les instants et de donner de fortes preuves d'un vif amour pour l'étude. Oui, je le sens, ces nobles sentiments me font augurer favorablement des soins que je dois attendre d'une assiduité constante de votre part, de vos efforts et surtout de votre bonne volonté. »

Nous citerons encore le compliment suivant, qui nous fait connaître l'esprit de l'époque.

Ce compliment composé par M. Gauchet professeur de rhétorique, fut corrigé comme il suit par M. Parrot, principal et récité le 16 mai 1790 à messieurs les officiers municipaux de la ville de Clermont par M. Monestier étudiant en rhétorique :

« Souffrez, messieurs que les nourrissons des muses viennent auss jurer devant l'hôtel du Tout-Puissant, leur dévouement à la patrie. Trop faibles encore pour lui offrir des bras destinés à la servir un jour, qu'il nous soit du moins permis de nous unir par des vœux purs et sincères, à tant de généreux citoyens dont la solennelle Fédération doit assurer à la France entière les avantages de la liberté et les douceurs de la paix. Ils se proposent moins sans doute, d'étendre les limites de cet empire que de lui conserver sa splendeur, en éloignant de son sein tout ce qui pourrait en troubler la tranquillité. Mais s'il fallait faire preuve de courage contre un ennemi étranger, le même zèle qui les engage à sacrifier leur repos au salut de la patrie, les ferait voler à la victoire, et conduits par un chef dont l'expérience égale l'intrépidité, les descendants des Vercingétorix et des Eceidius déploieraient encore cette valeur qui plus d'une fois fit trembler les maîtres de l'Univers. Mais, nous aimons à le croire, messieurs, nous ne verrons plus nos foyers attaqués ; les nations voisines respecteront nos dispositions pacifiques : les français ne formeront désormais qu'un peuple de frères ; et si jamais la discorde cherchait à rallumer son flambeau, la sagesse d'un prince restaurateur de la liberté, le zèle infatigable des représentants de la nation, les soins vigilants des dépositaires de notre confiance, l'activité, la bravoure de tous les citoyens devenus guerriers, et de tant de guerrier devenus citoyens, par-dessus tout, le génie qui veille au bonheur de la France, déconcerteraient aisément les projets des ennemis de la félicité publique. »

Le 9 avril 1789, qui se trouvait le jeudi saint, naquit Benoît Coste, mon oncle curé, Il eut pour parrain son oncle l'abbé Couvert qui, profitant des vacances de Pâques, quitta le collège de Clermont pour venir à Saint-Germain. Le baptême eut lieu le lundi de Pâques. M. Couvert donna, à cette occasion, chez ma grand'mère, un grand dîner, auquel il invita ses anciens camarades du collège, MM. de Labrot, Dumont, de Ladeyte, Faucher.

Il dit alors à ma grand'mère, en montrant son filleul dans le berceau : « Celui-là, je le prends sous ma protection et me charge de son éducation; à neuf ans il faut qu'il soit avec moi à Clermont, au collège. » Malheureusement neuf ans après, on était en 1798 et l'abbé Couvert avait été obligé d'émigrer en Angleterre.

En 1791, il fut encore parrain de ma tante Myon qui, plus tard, épousa Mousset de Sauxillanges.

Le 12 juin 1790, l'Assemblée constituante décréta une *Constitution civile du clergé* qui bouleversa l'Église de France, entraîna un schisme parmi les membres du clergé, et donna naissance à une persécution contre les prêtres qui ne voulaient pas prêter serment à la Constitution. D'après cette constitution, il devait y avoir un évêque par département; la nomination des évêques et des curés devait être faite par les électeurs, à la pluralité des voix. Tous les fonctionnaires ecclésiastiques devaient prêter serment à la Constitution et aux institutions nouvelles; quiconque s'y refusait était considéré comme démissionnaire, tout en conservant la pension allouée à chaque ecclésiastique, en échange des biens du clergé. Comme il était en même temps défendu à tout nouvel élu de demander ou d'attendre ses *bulles d'institution pontificale,* ce qui était rompre les liens de l'unité catholique, la grande majorité du clergé refusa le serment et préféra l'exil au schisme.

En 1791, l'Assemblée législative exigea des membres du clergé présents à l'Assemblée et de tous les les prêtres, le serment en question. Cette mesure fournit au clergé français l'occasion de professer sa foi à la face de l'Univers.

Tous les évêques présents à l'Assemblée, à l'exception de quatre, refusèrent de prêter le serment; ils en furent punis par l'expulsion de leur siège. On traita de même tous les ecclésiastiques qui refusèrent de prêter le serment.

Le 29 novembre 1791, l'Assemblée législative décréta que tous les prêtres qui n'avaient pas encore prêté le serment à la nouvelle constitution du clergé, et qui ne l'auraient pas prêté dans la huitaine, seraient privés de tout traitement, interdits par rapport à l'exercice du culte, exilés ou emprisonnés. L'abbé Couvert, refusa de prêter le serment exigé, préférant s'exposer à tous les maux, à la déportation et à la mort même, plutôt que d'être parjure à ses principes et à sa religion. C'est ce que firent la plupart des prêtres, tandis que les autres prêtèrent le serment et devinrent ce qu'on appelait des prêtres *assermentés.* Il fallait un certain courage, du dévouement et des convictions bien arrêtées de la part de ceux qui abandonnaient ainsi volontairement leur place, leur pension, et s'exposaient à une mort presque certaine. Dès ce moment, commença une époque d'épreuves et de persécution épouvantable pour M. Couvert et pour tous les ecclésiastiques qui eurent le courage de rester fidèles à leurs principes. Ce fut, pour notre parent, le commencement de son odyssée. Il se réfugia alors à Saint-Georges-de-Mons, chez les MM. de Léval dont il était très aimé, depuis le séjour qu'il y avait fait de 1780 à 1785, comme précepteur.

Là, pour échapper à la persécution, il se déguisa et prit le titre d'homme d'affaires de cette famille. Le professeur gradué de l'Université était aussi bon administrateur que bon précepteur, et pendant le peu de temps qu'il y resta, il y laissa des traces de son passage : ainsi, aujourd'hui encore on montre, à Saint-Georges-de-Mons, une allée d'arbres plantés par lui. Mon beau-frère Pierre Ahond m'a dit avoir entendu raconter par son grand-père, que M. Couvert avait rendu un grand service à la famille de Léval ; voici comment. M. de Léval avait pris l'engagement de livrer une quantité énorme de bois qu'il n'avait pas et à des conditions trés onéreuses pour lui. Cette entreprise avait compromis une partie de sa fortune. Heureusement M. Couvert s'en aperçut à temps et s'empressa de conclure un arrangement avec la maison qui avait un traité passé. Le marché fut résilié, grâce à un petit sacrifice, et une grande perte fut ainsi évitée à la famille de Léval.

Notre parent resta au château de Mons jusqu'en 1792 ; mais alors, d'après M. Douce et les dires de mon père, il vint à Clermont où il se cacha quelque temps.

M. Couvert avait resté pendant trois ans professeur au collège de Clermont, il avait fait la classe aux enfants des premières familles de cette ville; il y trouva donc beaucoup d'amis, entre autres les MM. de Combarel, de Léval, etc, etc., qui s'empressèrent de lui donner asile.

Voici quelques anecdotes que mon père m'a racontées sur son compte pendant qu'il se cachait à Clermont :

Un jour, déguisé en civil, il avait une grande lévite et son ancien bancal de dragon suspendu en bandoulière autour de lui ; il se promenait sur la route du Puy-de-Dôme, lorsque tout à coup il fut rejoint par deux individus à cheval qui ressemblaient fort, l'un à un propriétaire, et l'autre à un percepteur. Celui-ci avait, en effet, en guise de porte-manteau, une petite valise. « Ces deux cavaliers arrivés vis-à-vis moi, racontait M. Couvert, s'arrêtent et me fixent. L'un dit alors à son compagnon de voyage : « Je parierais que c'est un calotin déguisé : arrêtons-le, arrêtons-le ! »

« En entendant ces menaces, je fais volte-face, saisis mon sabre, une main sur la poignée et l'autre sur le fourreau, prêt à dégaîner, et les toisant du regard, je leurs dis : « Le premier de vous « deux qui fait le moindre mouvement pour descendre de cheval « ou avancer sur moi est mort. »

« Ces paroles leur firent peur et ils continuèrent leur marche en disant : « Ce b... là n'a pas l'air commode ; l'arrête qui voudra. »

Un autre jour, se trouvant sur la route d'Aubière, il fut accosté par trois habitants de cette localité, qui voulaient l'arrêter, mais qui cependant s'en tinrent à des menaces et à des injures. Plus tard, lorsqu'il était supérieur du petit séminaire de Clermont, il y eut un de ces trois individus qui vint lui faire ses excuses et le prier d'admettre son fils dans son établissement. Voilà qui nous prouve l'estime que ses propres ennemis eux-mêmes avaient pour sa personne.

M. Douce m'a raconté qu'un jour, allant de Clermont à Durtol, monté à cheval et déguisé en dragon, il rencontra quatre hommes qui lui barrèrent le passage, disant : « Ce n'est pas un dragon, parions que ce soit un calotin déguisé, arrêtons-le. » M. Couvert les ayant entendus, pique son cheval, se met à le faire piaffer devant eux en leur criant : « Place, s'il vous plaît. » Ces quatre individus déconcertés par sa fière contenance, ouvrirent les rangs et le laissèrent passer.

C'était alors en 1792, la Convention venait de décréter l'abolition du gouvernement monarchique, de proclamer la République française et de faire mettre Louis XVI en prison. La présence des émigrés dans les armées ennemies fut cause que la persécution redoubla contre les prêtres et les nobles ; M. Couvert, craignant de compromettre les personnes qui l'avaient caché jusqu'à ce jour à Clermont, se déguisa, reprit son ancien costume de dragon, comme m'a dit M. Douce, et se réfugia dans son pays natal, à Saint-Germain-l'Herm, au sein de sa famille, où il était attendu avec impatience, et où il était plus facile d'échapper aux poursuites des Jacobins. Plus heureux que le Christ (*inter suos venit et sui eum receperunt*), il vint parmi les siens et les siens le reçurent.

M. Chaix m'a dit qu'en passant à Pont-du-Château, il avait été reconnu par quelques-uns de ses amis et de ses élèves qui lui avaient fait un chaleureux accueil, quoiqu'il fut proscrit par le tribunal révolutionnaire.

Arrivé à Saint-Germain-l'Herm, il se cacha chez mon grand-père, où on avait pratiqué déjà deux cachettes exprès pour lui, l'une derrière une armoire dans une séparation, et l'autre dans un escalier au premier étage. On voit encore aujourd'hui dans la maison de ma tante Catherine, parfaitement les traces de ces deux cachettes. En même temps que M. Couvert, il y avait bien souvent d'autres prêtres auxquels nos grands-parents donnaient asile. Mon père m'a rapporté qu'il y avait eu jusqu'à six prêtres cachés.

La famille Coste se composait alors de six personnes : de mon aïeul paternel, de ma grand'mère et de sa mère, de mon père Joseph Coste, de mon oncle Benoît Coste et de ma tante Myon. L'ordre, l'honnêteté, le travail, l'union et l'aisance régnaient dans la maison, et par conséquent le bonheur.

L'esprit patriarcal se voyait dans cette famille. L'abbé Couvert y était regardé comme un enfant de la maison, un frère et un bienfaiteur : on l'estimait, on l'aimait et on le respectait; ses visites semblaient porter bonheur à cette maison.

Pendant la fin de l'année 1792 et pendant le cours de 1793, M. Couvert se cacha tantôt à Saint-Germain-l'Herm et tantôt au château de La Reinerie à Cunlhat, au Buisson, à Ceilloux et à Tours, chez les MM. de Combarel, de Bordon, Bathier de Roure, de Méda et de Guérine, avec lesquels il était ami depuis son séjour à Cunlhat comme curé.

Mon père et mes tantes m'ont raconté à son sujet les anecdotes suivantes :

C'était par une nuit sombre, l'abbé Couvert revenait de Cunlhat à Saint Germain; entre cette dernière localité et le village des Gouttes, il rencontra un individu d'assez mauvaise allure qui s'acharnait à le suivre par derrière et de très près, ayant l'air de vouloir l'arrêter. Tout à coup notre ancien dragon, à qui le courage ne faisait pas défaut, s'arrête, sort du fourreau son vieux bancal (disons ici, une fois pour toutes, qu'il le portait toujours en bandoulière, tant que dura la persécution), et apostrophe ainsi son suspect compagnon de voyage : « Passez devant, marchez à vingt pas et sans vous retourner, sinon vous allez avoir affaire à moi, et malheur à vous. » Cet individu, bon gré ou malgré, se mit à marcher devant, sans mot dire et sans se retourner : les rôles étaient changés : c'était ce dernier qui avait pris peur.

En 1793, après la mort de Louis XVI, les Jacobins les plus féroces de Saint-Germain, qui savaient que l'abbé Couvert était caché chez notre grand-père, se réunissaient sous la halle, en face de notre maison, jadis maison des MM. Cheminade. Là, ils se promenaient un certain soir en criant : « A bas les curés, à bas les calotins ! » Ils passaient et repassaient sans cesse devant la porte en proférant les mêmes menaces. Ma grand'mère, qui avait peur pour son cousin, se mit à dire : « Ha, mon Dieu, je vais fermer la porte pour que ces mauvais sujets ne puissent pas venir vous prendre ! »

— Non, non, dit l'abbé Couvert qui, revêtu d'une longue lévite, son bancal en bandoulière et ses pistolets à la ceinture, se promenait de long en large dans la cuisine, au contraire, ouvrez-la tout entière, ainsi que la croisée : Si nous fermions la porte, ces énergumènes croiraient que nous avons peur et auraient plus d'audace pour entrer. Laissez-les faire, avant qu'ils m'arrêtent, ils auront de l'ouvrage : et si je ne peux me défendre, je m'échapperai encore par la fenêtre ouverte. »

Nos sanguinaires révolutionnaires se contentèrent de chanter et de vociférer sur la place publique. La fière contenance de notre parent les déconcerta et leur fit peur.

Quelques jours après, M. Couvert passait devant un groupe réuni sous la halle ; l'un de ces individus se met à dire : « Voyez l'abbé Couvert qui passe : il doit aller dire sa messe. » Ce dernier, entendant ces paroles, s'arrête tout court et, montrant un pistolet à chaque main, il répond : « Voilà mes burettes, qui est-ce qui veut venir la servir ? » Personne ne se sentit le courage d'accepter le défi (récit oral de mon père et de mon oncle). » Il allait, en effet, dire sa messe au Favet, chez Mme Vernet, la grand'mère de mon ami Coiffier, dont la maison était devenue l'asile de la religion et des prêtres proscrits, malgré les menaces et les recherches réitérées des Jacobins.

Un autre jour, un rassemblement encore plus nombreux et plus surexcité eut lieu sur la place publique devant la maison de mon grand-père, ayant pour but l'arrestation de l'abbé Couvert et de deux autres prêtres qui étaient avec lui ; celui-ci dit à notre grand-père :

— Mon cousin, ces mauvais sujets veulent m'arrêter ; répondez-vous de me charger mes armes ?

Il montrait deux fusils et ses pistolets.

— Certainement, répond ce dernier, vous pouvez compter sur moi.

— Hé bien, fermez les portes et moi je me charge de tirer, et je vous réponds qu'ils n'entreront pas encore ; montons au premier.

Les portes sont barricadées, des matelas sont suspendus aux fenêtres pour protéger les assiégés ; la défense, en quelques instants, est organisée pour résister à un assaut.

La troupe des assaillants, conduite par deux énergumènes venus d'Ambert à l'effet d'arrêter les prêtres proscrits, fait plusieurs fois le tour de la maison en proférant des menaces et en criant, en vociférant : « A bas les calotins, à bas Couvert ! Ils sont cachés là, il faut les prendre. » C'était *l'année de la Terreur*, des émissaires du tribunal révolutionnaire parcouraient les villes et les campagnes pour arrêter tous les individus qu'ils croyaient suspects.

Enfin, à minuit, le juge de paix Latour dit : « Ma foi, je connais l'abbé Couvert, il ne m'a jamais fait du mal, puis c'est un ancien dragon, un ancien maître d'armes qui se défendra, et qu'il ne sera pas facile d'empoigner, attendu qu'il est armé jusqu'aux dents ; essayez d'entrer, vous autres, si vous voulez, quant à moi je me retire. »

Le père Dussapt, prenant à son tour la parole, dit : « C'est mon voisin, je ne veux pas l'arrêter. » et il se retira. Peu à peu toute la troupe en fit autant. Tels on voit les Arabes de l'Algérie rassemblés en troupe et armés de piques et de fusils pour attaquer un fier lion du désert, se retirèrent l'un après l'autre, en commençant par les plus âgés, les plus expérimentés, lorsque le moment est venu de livrer l'assaut au terrible animal. C'est qu'ils connaissent son courage et sa force. Lorsqu'il s'agit d'attacher le grelot, chacun se retire.

Sur ces entrefaites, une grande dame, montée sur un joli cheval, s'arrête devant la maison de mon grand-père, saute lestement par terre et entre hardiment dans la maison, demandant à parler à M. Couvert. Toute la famille Coste eut d'abord grandement peur, s'imaginant voir un envoyé du Comité révolutionnaire qui venait pour arrêter leur parent. Mais M. Couvert qui, de sa cachette, avait reconnu la voix du personnage en question, sort tout à coup et et vient lui donner une poignée de main. Il le remercie de tout ce dévouement, et en même temps lui reproche de faire de semblables imprudences et d'exposer ainsi sa vie pour lui sauver la sienne.

C'était en effet un des MM. Bathier de Méda, propriétaire des domaines des Thioles et de la Conarde qui venait de Chalendrat près de Cunlhat, pour chercher son ami l'abbé Couvert. « Je suis venu, lui dit-il, ainsi déguisé, pour vous emmener dans mon château à Chalendrat, où j'ai une cachette sûre, et il faut que vous y veniez. »

M. Bathier but et mangea avec notre parent et repartit bientôt après lui avoir fait promettre de se réfugier chez lui.

Deux jours après, l'abbé Couvert et un de ses confrères qui était aussi caché chez notre grand-père, se déguisèrent en marchands de chanvre, avec une *romaine* à la main, imitant ainsi les marchands de Cunlhat et se rendirent chez M. Bathier, au château de Chalendrat, où ils arrivèrent sans malheur.

D'après M. Douce, l'abbé Couvert allait parfois se cacher à Seilhoux près de Cunlhat, avec un autre prêtre; en compagnie de ce dernier, il alla un certain jour visiter un de ses confrères, dans le voisinage ; ils revenaient tous les deux, pendant la nuit, quand tout à coup, M. Couvert entendit un bruit semblable à celui produit par le galop des chevaux ; comme son collègue n'entendait rien, lui, pour s'assurer de la chose, en homme qui a fait la guerre et qui connaît sa physique (la transmission des sons par la terre), applique son oreille contre le sol et ne doute plus qu'ils sont poursuivis par des cavaliers. Voilà nos deux infortunés proscrits courant à toutes jambes à travers les champs et fuyant à l'aventure.

« Nous tombâmes l'un et l'autre dans un ravin (je laisse parler M. Couvert), et alors mon confrère me dit : « Nous sommes perdus. » Je lui réponds : « Nous sommes au contraire sauvés, montons de l'autre côté du ravin. » Les gendarmes qui nous avaient aperçus à la faveur du clair de lune, avancèrent jusqu'au ravin, quand ils furent sur le bord, je leur criai :

« — Halte-là, n'avancez pas, vous courriez des dangers.

« — Qui êtes-vous, nous demandent les gendarmes?

« — Nous sommes deux prêtres innocents qui nous cachons, lui réponds-je ; mais nous avons des armes et nous savons nous en servir : notre vie vous coûterait cher.

« Les gendarmes n'allèrent pas plus loin, et nous fûmes sauvés, grâce à notre bonne contenance. »

C'est ainsi, qu'intrépide dans le danger, notre ancien dragon échappa très souvent, par son attitude imposante et son sang-froid imperturbable, aux périls que lui faisait courir sa situation de prêtre non assermenté.

M. Douce a observé à M. Tardif que ces menaces et autres expressions, plus militaires qu'ecclésiastiques, qui échappaient à l'abbé Couvert, il se les reprochait après coup.

Un soir, fuyant les émissaires des Jacobins, il arrive dans une maison isolée et demande à coucher. On lui donne un lit; comme il est bien fatigué, il s'endort en se couchant. Mais dans la nuit il se réveille et entend des bruits, un craquement dans sa chambre; il croit qu'on vient l'arrêter; il saisit son sabre et se met à frapper d'estoc et de taille, à droite et à gauche, menaçant de pourfendre les imprudents qui oseraient venir l'arrêter.

Parfois tout bruit cessait, mais un instant après il entendait de nouveaux craquements sous son lit, il lui semblait qu'on cherchait à soulever le plancher pour arriver jusqu'à lui; alors il frappait de nouveau à grands coups de sabre, puis se recouchait. Il passa ainsi le restant de la nuit dans une position semblable à celle de Molina dans la caverne des serpents. Enfin, le jour arrivé, il s'empressa de visiter sa chambre et le dessous de son lit. Quel fut son étonnement, lorsqu'il reconnut que son lit, reposant sur des chaises et étant mal consolidé, produisait les bruits et les craquements qu'il avait pris pour une attaque nocturne! Je vous laisse à penser dans quel état se trouvaient les rideaux du lit.

D'après ce que m'a raconté mon père, M. Couvert allait de Saint-Germain dans le canton de Cunlhat où il trouvait un asile sûr dans les châteaux des MM. Bathier, de Boure, de Guérines, à Ceilloux, à Méda, à La Praderie, à Tarrole, à Chaleudrat, au Bourniale près de Tours, et grâce à ses nombreux amis, à son audace et à ses stratagèmes, il s'était toujours dérobé aux poursuites des Jacobins. Moins heureux, ce prêtre qui était avec lui, le jour où ils furent poursuivis par les gendarmes, disparut une certaine nuit où il était sorti, sans qu'on ait pu savoir ce qu'il était devenu.

Au commencement de 1794, comme la persécution allait toujours grandissant contre les prêtres et devenait de plus en plus terrible envers les honnêtes gens qui les cachaient, M. Couvert craignant de compromettre ses parents et ses amis qui lui donnaient si généreusement asile, résolut de passer à l'étranger. C'est dans cette épisode de la Révolution que le curé Dumas, originaire de Chanteloube, commune de Peslière, et le curé de Saint-Genès-la-Tourette, furent arrêtés à Combeneyre, conduits à Saint-Germain-l'Herm et puis dirigés sur Riom où ils furent décapités. Étant sur le point de partir, notre parent dit à ma grand'mère : « Tenez, ma chère sœur, je vous laisse dans ce petit coffret six mille francs : voici la clef (Hospital a aujourd'hui encore ce coffret). Si je viens à mourir, je vous les donne, sinon vous me les remettrez à mon retour ; mais, si pendant mon absence vous en avez besoin, servez-vous-en, car ils seront un jour pour vous, en reconnaissance des immenses services que vous, votre mère et tous nos excellents parents m'avez rendus depuis ma naissance jusqu'à ce jour ; je les ai bien gagnés ; ils sont le fruit de mon travail et de mes économies ; je suis bien maître d'en disposer. »

Nous voyons ici une preuve de la générosité et de la grandeur d'âme de cet homme qui, craignant de périr en France ou à l'étranger, avant que d'avoir témoigné sa reconnaissance à ses bienfaiteurs, s'empresse de confier le produit de son travail à sa cousine, sa sœur adoptive. Il peut en avoir besoin ; c'est égal, il préfère en être privé, plutôt que de s'exposer à ne pas avoir été reconnaissant envers ses parents. Il fallait aussi un grande confiance de sa part dans tous ses parents. Ce trait honore les deux partis. Pour anticiper, disons tout de suite que notre grand'mère n'eut pas besoin d'argent et ne toucha pas à la cassette. Ma tante Catherine m'a répété bien des fois avoir entendu dire par sa mère : « J'aurais été dans la misère que je n'aurais pas voulu toucher à ce dépôt de mon infortuné cousin. » A ce sujet je me permettrai de citer un autre trait qui fait grand honneur à la probité de nos ancêtres, le voici :

Ma tante Catherine m'a dit que l'abbé Roussel, de Saint-Germain, avait laissé pendant dix ans, tout son argent (20 à 30 mille francs), et tous ses papiers chez mon grand-père ; enfin, sur les instances de ce dernier il les avait retirés. Un an après il était volé et disait à nos parents : « Si vous m'aviez gardé mon argent, on ne me l'aurait pas volé comme on a fait. »

En 1801, M. Couvert étant revenu d'Angleterre, ma grand'mère n'eut rien de plus pressé que de lui remettre sa cassette et la clef en lui disant : « Je n'y ai pas touché. »

Son parrain lui répondit : « Hé bien, ma sœur, prenez-y maintenant ce qui vous fera plaisir. »

Mais celle-ci le remercia en lui disant qu'elle n'en avait pas besoin, tandis que lui se trouvait dans une position à devoir s'en servir.

Maintenant revenons à son émigration. Pour sortir de France, il fallait un passeport ; l'abbé Couvert ne pouvait en obtenir un, mais il avait son congé de dragon ; il songea donc à l'utiliser. Mon père et M. Martinon de Brioude m'ont dit qu'au moyen d'un subterfuge innocent, celui de changer son nom *Couvert*, en celui de *Colivert*, sur son congé, il parvint à pouvoir s'en servir en guise de passeport. De concert et de compagnie avec les MM. de Combare et de Léval il se rendit dans la Vendée et de là passa en Angleterre, mais non sans péripétie. Une fois de l'autre côte de la Manche, il prêta son congé à un des fils de Combarel resté en France, pour s'en servir lui aussi, afin de passer en Angleterre. Par son courage, par son sang-froid, sa présence d'esprit, son habitude des voyages, son esprit à ressources, sa connaissance des hommes et des choses, il fut d'un grand secours aux MM. de Léval et de Combarel ; ceux-ci l'estimant, l'aimant déjà beaucoup et depuis longtemps, finirent de s'attacher à lui.

Une preuve de la confiance que ces deux familles avaient en sa personne, se trouve dans les paroles suivantes :

M. Couvert disait, lorsqu'il fut de retour de l'émigration : « C'est incroyable, tout l'or et l'argent que nous avons caché dans le château des MM. de Combarel avant notre départ pour l'Angleterre. »

M. Couvert retrouva à Londres plusieurs de ses amis, notamment les MM. de Méda, de Bathier, de Bosredon, etc., etc.

Attentif, il suivait les événements qui se passaient sur le continent ; déjà Napoléon avait offert une amnistie aux royalistes, aux nobles et à tous les émigrés qui voudraient revoir leur patrie ; mais notre parent ne voulut pas rentrer avant le Concordat.

Ce fut le 15 juillet 1801 qu'eurent lieu ces conventions entre le gouvernement Français et le Saint-Siège, pour le rétablissement du culte catholique en France. Le Concordat rendit les églises au culte catholique, attribua au chef de l'État la nomination des évêques, au chef de l'Église leur institution canonique, aux évêques le choix des curés ; il accorda au clergé une dotation remplaçant les anciens biens dont ils avaient été dépouillés, et proclama le catholicisme comme la religion de la majorité des Français. Le Concordat signé, l'abbé Couvert n'avait plus de motifs qui s'opposassent à sa rentrée en France. Il revint donc au sein de sa famille, en août 1801.

CHAPITRE IV

Résumé : Rentré en France, M. Couvert va chez les MM. de Combarel, comme gouverneur, de leurs enfants. En 1805, la ville de Clermont le charge de réorganiser son collège et l'en nomme principal. Grands succès de cet établissement sous son principalat.

De retour en Auvergne, M. Couvert enseigna dans une école particulière à Clermont-Ferrand. Cette détermination, conforme à ses goûts, lui fut aussi conseillée par ses nombreux et puissants amis qui tenaient à le retenir dans l'enseignement pour l'instruction et le bonheur de la jeunesse.

Mais bientôt M. de Combarel, avec qui il avait émigré, voulut l'avoir pour précepteur et gouverneur de ses enfants. M. Couvert se rendit à ses désirs et resta chez lui jusqu'en 1805. On ne faisait rien sans le consulter ; il n'y avait de bien dit et de bien fait que ce qu'il disait et faisait. Aussi était-il l'ami dévoué, le conseiller intime de toute la famille, c'est-à-dire des Combarel et des de Léval, unis par alliance (récit de ma famille et de M. Verdier, professeur au petit séminaire, sous le supériorat de M. Couvert).

Nous avons vu plus haut qu'en 1791, il se refugia au château de Saint-Georges-de-Mons, chez les MM. de Léval. En 1812, nous le verrons sauver la vie à son ancien élève, M. Augustin de Léval.

Nos lecteurs savent déjà qu'en 1791, un *Institut* dirigé par des instituteurs laïques, nommé par le Directoire du département, remplaça au collège les professeurs ecclésiastiques dont faisait partie l'abbé Couvert.

Le 31 décembre 1796, cet *Institut* fut remplacé par l'*École centrale* du département du Puy-de-Dôme.

Après la chute des institutions républicaines, l'*École centrale* redevint, le 2 décembre 1805, un collège libre dirigé par l'abbé Couvert, qui s'adjoignit bon nombre des anciens professeurs. Enfin, en janvier 1808, le collège devint un lycée impérial, sous la direction de M. Vittart proviseur. (Extrait des *Éphémérides du département du Puy-de-Dôme*).

J'ai trouvé à la bibliothèque de Clermont, dans le *journal heb-*

domadaire du Puy-de-Dôme année 1805, numéro du 2 décembre, le passage suivant :

« En attendant l'établissement du lycée on a placé dans le local qui lui est destiné, une *École secondaire* dont les professeurs sont, pour la majeure partie, les mêmes que ceux de l'ancien collège de 1790. Cette école s'est ouverte le 11 frimaire (2 décembre 1805). Elle renferme toutes les classes depuis la sixième jusqu'à la philosophie inclusivement. Voici un extrait du prospectus approuvé par le maire : le prix des externes est de 4 francs par mois; le prix de la pension est de 560 francs par an, etc.

« L'adresse de M. le directeur est :

« A Monsieur Couvert, directeur de l'École secondaire, à l'ancien collège de Clermont-Ferrand (Puy-de-Dôme).

« Les professeurs sont : M. Jallot, pour la philosophie ; N..., pour les mathématiques et la physique ; Brun, pour la rhétorique ; Morrin, pour la seconde ; Parrique, pour la troisième ; Aymard, pour la quatrième ; Durel, pour la cinquième ; Chassaing, pour la sixième. »

Nous retrouvons ici la plupart des professeurs du collège, en 1790, tel que MM. Jallot, Parrique, Aymard et Couvert, avec cette différence que l'abbé Couvert qui, en premier lieu n'était que professeur de sixième est aujourd'hui principal. C'était encore ce dernier qui enseignait provisoirement les mathématiques et la physique : les nombreuses notes que j'ai trouvées dans ses cahiers et livres de mathématiques et de physique le prouvent.

Sur le même sujet, j'ai encore lu à la bibliothèque, dans l'*Histoire de Clermont*, par Ambroise Tardieu, les passages suivants :

« En 1791, le collège fut remplacé par *l'Institut* dirigé par des instituteurs laïques ; puis vint l'*École centrale* du département du Puy-de-Dôme, installée le 31 décembre 1796.

« L'*École centrale* n'ayant pas produit les résultats qu'on en attendait, fut remplacée en 1805 par un collège libre, dirigé par M. l'abbé Couvert. Le 2 décembre 1805, l'administration municipale installa les professeurs de l'*École secondaire* de Clermont.

C'étaient MM. Couvert, directeur ; Jallot, Brun, Morrin, Aymar, Durel, Parrique et Chassaing. »

Dans le *Journal hebdomadaire du Puy-de-Dôme*, numéro du 10 septembre 1806, page 159, nous lisons :

La distribution des prix de l'*École secondaire* de Clermont-Ferrand s'est faite, le 2 de ce mois, avec la plus grande pompe. La présence des autorités de la ville, un concours nombreux de spectateurs choisis, la satisfaction de tous les citoyens, à la vue d'un établissement supérieur qui vient de se relever, tout contribuait à augmenter cette touchante solennité. M. le Préfet, Mgr l'Évêque et MM. les Présidents des tribunaux de première instance et de commerce ont couronné les élèves et les ont accueillis avec une bonté vraiment paternelle.

M. le Maire de Clermont a fait les honneurs avec une délicatesse et un zèle qui ont charmé toute l'assemblée.

Cette fête brillante est bien propre à enflammer l'ardeur des jeunes gens et à rappeler les beaux jours de l'ancien collège.

On ne saurait trop applaudir au généreux dévouement de M. Couvert, fondateur de cette école qui peut redevenir en peu de temps très florissante. Déjà même l'empressement des parents à faire inscrire leurs enfants pour la rentrée prochaine est une preuve de ce que nous avançons, et le mérite reconnu des anciens professeurs ne laisse aucun lieu d'en douter.

En 1870, M. Denier père, de Brioude, âgé de quatre-vingts ans, jouissant de toutes ses facultés, personnage d'une bonté et d'une politesse exquises m'a dit : « En 1805 et 1806, j'ai fait ma cinquième au collège de Billom, mais mes parents ayant entendu parler des succès du collège de Clermont, organisé par l'abbé Couvert, m'y ont envoyé aussitôt, au mois d'octobre 1806. Un grand nombre des élèves du collège de Billom en fit autant. Je fis ma quatrième et ma troisième, de 1806 à 1808. Mais en 1808, l'abbé Couvert ayant été changé et l'enseignement ayant été confié à des laïques, mes parents qui préféraient l'enseignement religieux à celui du lycée, et qui m'avaient envoyé du collège de Billom à celui de Clermont, à cause de M. Couvert, ne voulurent pas que j'y revinsse. »

M. de Florat, ancien juge de paix à Paulhaguet m'a dit en avoir fait autant. « En 1808, m'a-t-il raconté, M. Couvert ayant quitté le collège, je n'ai pas voulu y rester et suis allé faire ma philosophie au petit séminaire de Clermont. »

M. Denier m'a donné les renseignements suivants :

« La ville de Clermont ayant voulu, en 1805, rétablir son collège, choisit l'abbé Couvert pour l'organiser. Celui-ci s'acquitta parfaitement bien de cette tâche et lui donna une très bonne direction ; ainsi, dès sa seconde année de principalat, le collège comptait cent quarante élèves internes et un bien plus grand nombre d'externes : c'était beaucoup pour un début et pour cette époque.

« M. Couvert était un excellent principal, très sévère et malgré cela fort aimé et respecté des étudiants. Il était très populaire, se promenait souvent avec les élèves de rhétorique et de philosophie ; sa direction était toute paternelle. »

M. Denier m'a encore raconté l'anecdote suivante, qui montre sa sollicitude pour ses élèves et sa mâle énergie.

« Un jour où ses élèves étaient à la promenade, un cheval attelé à une voiture, ayant traversé au galop leurs rangs et ayant renversé un d'entre eux, l'abbé Couvert avait relevé sa soutane et s'était élancé à la poursuite du cheval, bientôt il l'avait arrêté et avait forcé le conducteur à lui déclarer son nom et à lui faire des excuses. »

M. de Florat, dont nous avons parlé plus haut, m'a dit avoir fait sa seconde et sa rhétorique au collège de Clermont de 1806 à 1808, sous le principalat de M. Couvert. Il m'a ajouté qu'il administrait parfaitement bien le collège et qu'on l'aimait beaucoup.

L'anecdote suivante m'a été racontée par lui, ainsi que par mon père, mon oncle curé et plusieurs autres personnes :

Un jour notre principal passant sur le cours Sablon en face de la grande caserne, devant une salle d'armes dirigée par Champane, le premier maître d'armes de Clermont, s'arrête pour regarder des officiers et des civils qui s'y exerçaient au fleuret. Un d'entre eux s'en apercevant, dit à son voisin : « Tiens, vois ce calotin qui nous regarde, va lui proposer une botte. » Celui-ci court immédiatement vers l'abbé Couvert et lui propose de tirer une botte avec lui, en insultant son caractère de prêtre par ces mots : « Mais vous autres, vous n'êtes bons à rien qu'à dire votre bréviaire. »

Piqué au vif dans son amour-propre et dans sa religion, notre ancien prévôt d'armes sent bouillonner son sang dans ses veines et son ardeur guerrière se renouveler.

Il toise des pieds à la tête son impertinent interlocuteur et lui répond :

— Nous pourrions, monsieur, vous prouver le contraire.

— Vous êtes trop poltron pour cela. »

A ces mots, notre vieux dragon, se croyant obligé de soutenir l'honneur des prêtres, ne se contient plus et se dirigeant vers la salle d'armes, dit à son provocateur.

—Je vais, monsieur, vous donner une leçon et vous apprendre à respecter les prêtres comme les autres citoyens. »

Les voilà bientôt tous les deux armés d'un fleuret et en garde.

Notre universitaire avait quitté depuis longtemps le casque et l'épée, mais il n'avait pas encore oublié le maniement des armes : il porte donc à son adversaire un premier, un deuxième et un troisième coup, sans désemparer ; alors, il s'arrête devant les spectateurs tout ébahis, dont la curiosité et le dédain venaient de se changer en admiration en voyant son courage et son habileté.

— En voilà assez, dit-il à son partenaire, je craindrais, monsieur de vous faire du mal ; mais si vos amis désirent une revanche, je suis prêt à la leur donner. »

Avant qu'il les ait défiés, chacun brûlait d'envie d'essayer son adresse avec ce lutteur émérite, mais courtois ; tous voulaient venger l'honneur militaire compromis d'abord par une insolence et puis par une maladresse.

Mais ils furent tous successivement battus sans avoir pu toucher notre ancien prévôt. Sur ces entrefaites arriva M. Champane, le maître d'armes, fort étonné de voir, dans sa salle d'armes, un prêtre faisant assaut d'adresse avec des officiers. L'abbé Couvert lui dit : « Monsieur, j'ai marqué vos élèves, comme vous voyez (le bouton du fleuret frotté avec du blanc de Paris pour qu'on ne pût pas nier qu'on avait été touché, avait laissé de nombreuses taches sur la poitrine des officiers). Mais si vous désirez que je vous donne une revanche pour vos élèves, je suis prêt. »

Le maître d'arme accepta avec empressement ce défi, voulant venger ses élèves, et ne doutant pas un instant de la victoire ; mais quel ne fut pas son étonnement, quand il vit qu'il avait affaire à aussi forte partie ! Notre ancien prévôt toucha M. Champane autant de fois que ce dernier, mais en ayant soin de ne pas le piquer aussi fort que ses élèves, auxquels il avait voulu apprendre à respecter les ministres de la religion.

L'escrime finie, le maître d'armes dit à l'abbé qu'il ne connaissait pas :

— Eh bien, c'est parfait, M. le curé, vous avez donné une bonne leçon à ces jeunes officiers, j'en suis très content; mais diable, vous êtes d'une force supérieure ; où donc avez-vous appris à manier ainsi le fleuret?

— Dans les dragons, repond M. Couvert. »

Tous les assistants sont surpris de voir, sous une soutane, un ancien collégue. Le dédain du commencement se change en respect et en admiration. « Permettez-moi, monsieur, lui dit le maître d'armes de vous demander votre nom. »

— Je suis l'abbé Couvert, principal du collège. »

A ce nom, bien connu dans tout Clermont, les assistants se découvrent et chacun s'empresse de faire ses excuses; deux des assistants avaient été ses élèves.

C'est ainsi que Pépin le Bref sut imposer le silence et inspirer le respect et l'admiration à son entourage qui le méprisait à cause de sa petite taille, lorsqu'il tua, dans l'arène, le lion et le taureau que personne de sa suite n'osait attaquer. Cette petite aventure se répandit tout de suite dans Clermont, et bientôt M. Couvert passait pour être le plus fort de toute la ville dans le maniement des armes. Pendant cette grande époque de batailles, où tout le monde était soldat, quelques notions de guerre, d'armes allaient très bien, même aux hommes hauts placés.

En 1870, M. Martinon, âgé de quatre-vingt-trois ans, beau-frère de M. Gaubert, l'ex-maire de Brioude, m'a dit : « J'ai été élevé an collège de Clermont sous le principalat de l'abbé Couvert ; il était très capable et très aimé ; il avait une administration toute paternelle; il en agissait avec les élèves comme un père de famille avec ses enfants; il dînait à la même table que les collégiens, et moi j'étais le troisième à sa droite. »

Je possède encore le sceau dont notre parent s'est servi lorsqu'il etait principal au collège de Clermont. Il m'a été donné par ma cousine Marie Sabatier, à qui j'en suis très reconnaissant; je le conserve précieusement, comme un souvenir de famille.

Sur ce sceau dont on voit l'empreinte ci-dessous, étaient gravés, autour de l'exergue, les mots suivant : *École secondaire de Clermont-Ferrand.* L'exergue se composait d'une sphère, d'une équerre et d'un compas.

Empreinte du sceau du collège de Clermont, de 1805 à 1808.

Dans le recueil des compliments écrits par M. Couvert, j'ai trouvé les suivants qui lui furent adressés par les élèves pendant son principalat au collège : je les copie textuellement :

BOUQUET POUR LE JOUR DE SAINT-BENOIT

Monsieur le Principal,

Mes condisciples ne pouvaient me donner une plus grande marque de déférence qu'en me chargeant aujourd'hui d'être leur interprète auprès de vous. Ce choix, quoique bien flatteur me laisse des regrets; il existe dans la faiblesse de mes talents. Je ne puis vous rendre que très imparfaitement les sentiments dont mes condisciples sont pénétrés et que je partage vivement; mais votre indulgence m'assure que vous accorderez à mes expressions la confiance qu'un âge tendre et la naïveté qui l'accompagne toujours, inspirent. Oui, monsieur, vous accueillerez avec bonté les témoignages d'un attachement vif et respectueux, d'une reconnaissance sans bornes et d'une obéissance entière. Nous y ajouterons, monsieur, un sentiment qui n'est pas moins cher à votre cœur, c'est le désir de concourir tous à un même avancement, seul moyen de vous plaire et de justifier votre bienveillance.

RÉPONSE FAITE PAR M. COUVERT

Messieurs,

La vertu de reconnaissance est l'apanage des âmes bien nées, par conséquent le vôtre. Je n'ai pas moins d'empressement à en recevoir le témoignage de votre part, que vous en avez à me l'offrir ; il ne peut que m'encourager, ajouter, s'il est possible, à mon zèle, à mes soins pour votre éducation ; mais observez bien ceci : le zèle le plus ardent, les soins les plus multipliés deviendraient inutiles, si vous refusiez d'y correspondre. J'aime à croire qu'il n'en sera pas ainsi. Ceux qui ont bien travaillé jusqu'à présent, qui m'ont donné toutes sortes de satisfactions, ne se démentiront pas. Ceux qui ont quelques petites négligences à se reprocher, les répareront. Voilà, messieurs, le gage de votre amitié et de votre reconnaissance le plus flatteur pour mon cœur. J'ai tout lieu d'espérer que vous ne me le refuserez pas, puisque vous me le promettez par l'organe de M. C...

BOUQUET

Sage Mentor, l'appui de votre confiance, ma muse faible encore ne saurait espérer de chanter dignement tes vertus, ta prudence. Elle ne peut que t'admirer. Puisse donc mon silence te peindre la reconnaissance que firent naître en nous ta bonté, tes bienfaits!!! Puisse le ciel encore, propice à nos souhaits, donner, de tes soins, la juste récompense!!!

BOUQUET

Monsieur le Principal,

L'hommage que j'ose vous offrir est dicté par la reconnaissance : chargé de vous faire connaître les sentiments de mes condisciples, je vous remercie en leur nom de cette vigilance active, de ce zèle infatigable, de ces soins vraiment paternels avec lesquels vous travaillez à perfectionner en nous la raison et l'esprit, et surtout à nous former aux vertus et au devoir.

Recevez, monsieur, ce témoignage de notre amour, et tandis que ma main vous offre des fleurs qui se flétriront bientôt, soyez persuadé que nos cœurs vous élèvent un monument que le temps sera forcé de respecter.

COMPLIMENT FAIT A MONSIEUR LE PRINCIPAL DU COLLÈGE DE CLERMONT

Choisi par mes condisciples pour être, en ce jour d'allégresse, le fidèle interprète de leurs sentiments, je craignais de ne pas pouvoir m'acquitter dignement d'une si noble fonction. Mille pensées se présentaient à mon esprit et aucune ne me paraissait propre à exprimer toute la vivacité et toute l'étendue de notre reconnaissance. Je rêvais profondément, j'étais tenté d'abandonner mon projet, lorsque l'aimable Flore, s'offra t à mes regards et me montrant la plus fidèle de ses compagnes : « Voici, m'a-t-elle dit (l'élève présente une immortelle qu'il tient à la main), le seul présent digne de l'homme chéri des dieux que vous voulez honorer en ce jour. Par là vous lui offrirez le symbole de ses vertus et de sa gloire, et le modèle de votre reconnaissance et de votre amour. »

Sensible au bienfait de la déesse, j'ai reçu de sa main cette fleur, que je vous prie de vouloir bien accepter comme le gage de notre gratitude, comme une faible récompense de vos soins et de vos travaux, et comme le symbole de notre amitié pour vous.

CHAPITRE V

Résumé : En février 1808, le gouvernement confie la direction du collège à des professeurs laïques, de l'Université nouvellement créée. Alors M. Couvert organise un pensionnat. — En 1810, le lycée, jaloux de ses succès, fait fermer sa pension. — En 1809, il est nommé curé de la paroisse des Carmes à Clermont ; il gagne les sympathies et l'affection de tous ses paroissiens.

Le 10 mai 1806, un décret réorganisa l'instruction publique sous la dénomination d'*Université impériale*, telle qu'elle existe à peu près aujourd'hui.

Dans les éphémérides du Puy-de-Dôme, dans le journal hebdomadaire et dans l'*Histoire de Clermont*, par Tardieu, nous y lisons : « Le collège devint, en 1808, un *Lycée impérial*, sous la direction de M. Vittard proviseur.

« Le 12 janvier 1808, M. Vittard était nommé proviseur du collège et le 8 février de la même année, le *Lycée* succédait à l'*École secondaire* de Clermont. »

Pourquoi ce changement? Le collège de Clermont, sous la direction de M. Couvert, était très florissant, comme nous l'avons dit plus haut : ce fut une mesure générale prise par le gouvernement, qui voulut confier l'enseignement de la jeunesse à des professeurs *laïques*, à *l'université* nouvellement créée (10 mai 1806). A ce sujet M. Verdier, curé à Saint-Beauzire en 1870 et professeur au petit séminaire en 1820, sous le supériorat de M. Couvert, a dit à M. Tardif : « En 1808, le gouvernement remercia l'abbé Couvert et tous ses collègues, les professeurs ecclésiastiques du collège, pour n'avoir que des professeurs laïques. »

Mais l'enseignement laïque du lycée ne convenait pas à la plupart des familles qui, sous le rapport de la surveillance, de la religion, de la morale et des principes, lui préféraient de beaucoup l'enseignement de l'abbé Couvert.

Aussi un grand nombre d'élèves furent retirés et firent comme MM. Denier et de Florat dont nous avons parlé plus haut, c'est-à-dire, allèrent chercher ailleurs un enseignement plus conforme à leurs désirs.

Dans ces circonstances, plusieurs pères de familles des plus illustres de Clermont, s'adressèrent à l'abbé Couvert et le prièrent de vouloir bien organiser un pensionnat, pour leurs enfants. Mgr Duvalk de Dompierre, évêque de Clermont depuis 1802, n'ignorait pas l'estime de Mgr de Bonal, son prédécesseur, pour M. Couvert et avait déjà lui-même apprécié sa valeur; voyant que les jeunes gens des premières familles du Puy-de-Dôme et des départements circonvoisins, qui composaient la plus grande partie des élèves du lycée, allaient être privés de l'enseignement religieux, engagea lui aussi fortement l'ex-principal du collège à organiser un pensionnat, lui promettant tout son appui.

M. Couvert, cédant alors aux prières et aux instances du clergé et de la noblesse. organisa, en mars 1808, une pension à Clermont où les élèves travaillaient, prenaient des répétitions, étaient surveillés, logés, nourris et d'où ils ne sortaient que pour assister aux cours du lycée. Il s'adjoignit trois de ses professeurs du collège : MM. Aymard, homme d'une grande valeur, professeur de quatrième, qui plus tard fut secrétaire de l'évêque; M. Durel, professeur de cinquième, et M. Chassaing, professeur de sixième, tous trois prêtres.

Bientôt le bruit s'en répandit partout, et aussitôt les premières familles de Clermont et du département lui confièrent l'éducation de leurs enfants. Depuis 1788, M. Couvert était connu à Clermont, et depuis 1805, époque où il avait réorganisé le collège, il avait gagné l'estime et la confiance de tout le monde. Aussi, dès la première année, on vit un grand nombre d'élèves qui avaient déjà été sous son administration toute paternelle, quitter à l'envie le lycée pour venir dans sa pension. Ce fut bien autre chose, lorsque au bout d'un an on eut fait la comparaison entre le lycée et le pensionnat de l'abbé Couvert : tous regrettaient les bons principes de morale, de religion, de famille, etc., qu'on puisait à son école; tous regrettaient son administration sévère, mais paternelle; aussi ce fut presque une désertion de la part de tous les lycéens qui avaient déjà connu M. Couvert. La réputation de son pensionnat s'étendait de jour en jour, à tel point que pendant l'année scolaire 1809-1810, il avait des élèves de tous les départements circonvoisins du Puy-de-Dôme.

Ma tante Mousset qui allait très souvent passer quinze jours ou trois semaines à Clermont chez son oncle et son parrain, m'a dit qu'il avait même de jeunes Anglais pour faire leurs études. Ainsi elle m'a raconté qu'étant allée pendant les vacances chez son oncle, elle se rappelait qu'il avait dit à sa gouvernante : « Vous ferez coucher ma nièce dans la chambre de ces jeunes Anglais. » Voici comment ces jeunes étrangers étaient venus à Clermont. Pendant son émigration, l'abbé Couvert était resté en Angleterre de 1794 à 1801 ; il y avait fait la connaissance de plusieurs grandes familles, avec lesquelles il conserva pendant longtemps des relations d'amitié. Ce furent ces familles qui, à cette époque, lui confièrent leurs enfants pour leur apprendre la langue française, etc...

Au commencement de 1809, Mgr de Dampierre, prévoyant que l'Université jalouse ferait fermer le pensionnat trop prospère de l'abbé Couvert, donna à ce dernier, la cure des Carmes, le meilleur poste du diocèse. Son intention fut de récompenser les talents et les succès du maître qui soutenait avec tant d'éclat l'enseignement ecclésiastique.

L'annuaire de 1810 et de 1811 le porte comme curé des Carmes à Clermont. M. Chaix m'a fait voir sa signature dans le registre des délibérations de la fabrique aux dates du 4 avril 1809 et du 14 décembre 1810. C'était un poste très important ; puisque nous y voyons aujourd'hui M. Chaix, l'un des prêtres les plus distingués, le plus érudit et la gloire du clergé auvergnat.

L'abbé Couvert se montra de force à bien diriger tout à la fois et son pensionnat et sa cure. Dès son installation, son activité et sa générosité lui gagnèrent tous les cœurs. La paroisse des Carmes, avait besoin d'une cure ; les fabriciens hésitaient, disant que leurs ressources ne leur permettaient pas d'en acheter une ; alors, leur pasteur prenant la parole, leur dit : « Faites bâtir la maison, et moi je me charge de toutes les réparations intérieures, à condition que j'en aurai la jouissance pendant ma vie. »

Sa proposition était tout à l'avantage de la commune ; en effet, les réparations intérieures devaient être bien plus dispendieuses que les quatre murs. On s'empressa donc bien vite d'accepter cette proposition, et quelques mois après, le généreux pasteur restait dans sa nouvelle cure. Le 2 août 1872 M. Chaix, curé des Carmes, m'avait fait voir, dans le registre de la fabrique de sa paroisse, la signature de M. Couvert apposée au bas de la délibération du conseil, le 4 avril 1809, par laquelle il s'engageait à y faire les réparations voulues, mais à la condition qu'il en aurait la jouissance pendant toute sa vie. Depuis la nomination de M. Chaix, la disposition de cette maison a été complètement changée pour dégager l'église. Je me rappelle encore que toutes les fois que mon père venait à Clermont et que nous passions sur la place du collège, il me disait : « Vois la maison de notre oncle Couvert, » en me montrant la cure des Carmes.

Sur ces entrefaites, sa pension voyait tous les jours augmenter le nombre de ses élèves ; elle était déjà trop florissante pour ne pas éveiller la jalousie du lycée, l'Université prétendit que le pensionnat de l'abbé Couvert lui nuisait beaucoup, et demanda au gouvernement sa fermeture ; c'est ce qui eut lieu en septembre 1810, au grand regret de Mgr l'évêque et des priucipales familles du département (récit oral de MM. Verdier et Douce).

Livré tout entier aux soins de sa cure des Carmes, M. Couvert s'y fit remarquer par sa bonne administration, son activité, son amabilité, sa popularité et son obligeance.

Plus tard, pendant qu'il était chanoine titulaire, après s'être rétiré du petit séminaire, nous le voyons encore fabricien de l'église des Carmes, jusqu'à sa mort ; il dut cette nomination à l'estime et à la reconnaissance que tous ses paroissiens avaient gardées pour lui (Douce).

Il n'y resta que deux ans et demi ; mais pendant ce court laps de temps, il sut se gagner l'affection de ses administrés, autant que d'autres auraient pu le faire après un grand nombre d'années. Pendant toute la durée de son supériorat au petit séminaire, il laissa gratuitement la jouissance de sa maison à son successeur, M. Cabane.

CHAPITRE VI

RÉSUMÉ : Sollicitude de M. Couvert pour ses parents : En 1804 il place au Petit-Séminaire de Clermont son filleul, Benoît Coste, et en 1805, il le prend au collège avec lui. — Notice sur mon oncle Coste, curé de Novacelles ; son portrait. — Portraits de mon père et de ma mère.

Au milieu de ses occupations multiples, l'abbé Couvert n'oubliait pas sa famille. Toutes les années, il y venait passer une grande partie de ses vacances.

Mes tantes Mayet et Catherine m'ont dit que toutes les fois qu'il venait, comme il n'y avait pas alors de voiture, mon père allait le chercher à Issoire avec un cheval à selle, et elles allaient l'attendre jusqu'aux plaines de Lachaux. Là leur oncle faisait monter l'une d'elles en croupe, derrière lui, ce qui les amusait beaucoup, vu leur jeune âge (de cinq à sept ans).

Nous avons rapporté qu'en 1789, lorsqu'il fut parrain de mon oncle curé, Benoît Coste, il avait dit : « Je prends mon filleul sous ma protection ; à neuf ans, il faudra qu'il soit avec moi à Clermont. » Mais la tourmente révolutionnaire ne lui permit de réaliser sa promesse que quelques années plus tard.

En effet, le petit séminaire de Clermont fut supprimé par la Révolution Française en 1791 et rétabli en 1804.

Rentré en France en 1801, notre parent voulut que son filleul commençât à étudier le latin à Saint-Germain, en attendant que l'enseignement religieux fût réorganisé à Clermont; celui de l'*École centrale* ne lui convenait pas.

De 1801 à 1804, mon oncle Coste prit donc des leçons de latin à Saint-Germain chez M. Fargeon et chez M. Richard.

Au mois d'octobre 1804, le petit séminaire ayant été réorganisé, l'abbé Couvert s'empressa d'y envoyer son filleul en quatrième. De 1805 à 1808, il le prit sous sa direction, au collège d'abord, et puis dans sa pension privée. Mon père m'a raconté qu'à la distribution des prix, étant allé chercher son frère au collège de Clermont, M. Couvert avait dit à ce dernier, en présence de plusieurs élèves s'amusant dans la cour : « Hé bien, tu auras beaucoup de prix ? Tu as écrit à tes parents de venir te chercher? Il faudra bien un petit âne pour emporter tes volumes !!! »

Son neveu lui répondit sur le même ton : « Il n'y en manque pas par là, sans qu'on en conduise. »

Mon oncle curé avait de l'esprit et surtout beaucoup de jugement. Par affection et par reconnaissance pour les nombreux bienfaits dont il m'a comblé ainsi que tous les membres de sa famille, qu'il me soit permis de consacrer quelques pages à sa mémoire.

Après avoir fait sa rhétorique en 1808, il ne voulut pas se faire prêtre, comme l'avait désiré son oncle Couvert.

Le récit des batailles et des victoires de cette grande époque attirait notre jeune étudiant de dix-neuf ans, plutôt sur le théâtre de la guerre qu'au pied des autels.

Le casque lui plaisait plus que le froc. Le général d'Estrada lui promettait tout son appui s'il embrassait la carrière des armes. Un beau physique, une haute stature, une constitution athlétique, un grand courage, un caractère gai, spirituel et ami des amusements, tout semblait, en effet, lui dire qu'il réussirait dans l'état militaire.

Mais son oncle Couvert connaissant, par expérience, la carrière des armes et ses déboires, se souciait fort peu de voir son neveu y entrer ! « J'ai pensé et fait comme lui, disait-il, et plus tard je suis entré dons le sacerdoce ; attendons, donnons-lui le temps de réfléchir, et plus tard, il fera peut-être comme moi. » (Récit oral de ma tante Gaudias.)

Il plaça donc son neveu provisoirement comme précepteur chez M. de Refransat, à Saint-Babel, de 1808 à 1809 ; et chez le général d'Estrada, au château de Sarliève, de 1809 à 1810. Ce dernier était un général espagnol qui s'était attaché à la fortune de Napoléon Ier.

L'intention de M. Couvert, était de donner à son filleul le temps de connaître le monde et d'étudier sa vocation : il avait aussi pour but, en le plaçant dans ces illustres familles, de compléter son éducation et de lui apprendre les usages du grand monde.

Un de mes amis et bienfaiteurs, M. Langlade, docteur en médecine, juge de paix et homme de beaucoup d'esprit, m'a dit à ce sujet que plusieurs fois, pendant qu'il était élève sous M. Couvert, il avait vu M. Coste venir se promener dans la cour du petit séminaire, avec son oncle, ayant une cravache à la main et de grandes bottines; et tous les élèves disaient en l'admirant : « C'est un beau cavalier, c'est le neveu de M. Couvert. »

En sage mentor, l'abbé Couvert s'était lui-même occupé à faire naître dans le cœur de son filleul, comme il faisait du reste pour tous ses élèves, les grands principes du devoir, du droit, du juste, de l'honneur, du dévouement, des devoirs à remplir envers Dieu, sa patrie, ses semblables et soi-même.

A chaque conseil il racontait une anecdote, et bien souvent il pouvait dire : (*quos ego feci*, ou, *quorum pars magna fui* (voyez du reste les chapitres II et IX, comment M. Couvert comprenait l'enseignement). Il disait qu'il fallait faire non-seulement des *savants*, mais encore des *hommes*. J'ai entendu maintes et maintes fois mon oncle Coste me répéter sur ces sujets, les conseils que lui avait donnés son parrain. Et je puis dire que ce dernier lui avait inculqué des principes de justice, de devoir et d'honneur que j'ai admirés. On retrouvait en lui la grandeur d'âme, la générosité de M. Couvert, son courage, son énergie, son activité, sa droiture, sa fermeté dans ses convictions, sa popularité, son savoir faire, son aménité, ses goûts pour la bonne société. Les nombreux amis qu'il s'était fait, les bonnes relations qu'il avait su se créer avec les premières familles et les hauts fonctionnaires du département, prouvent suffisamment ce que j'avance. Les résultats d'une bonne éducation sont immenses !!

Une école secondaire de médecine venait d'être créée à Clermont, depuis 1805. Au milieu de l'année 1810, Benoît Coste eut envie d'embrasser la carrière de la médecine; avec la permission de son oncle, il se mit à suivre les cours de l'Hôtel-Dieu; mais au bout de deux mois, la vue des opérés et des blessés, l'odeur des hôpitaux dissipèrent son engouement pour la carrière de la médecine.

Ce que M. Couvert avait prévu arriva; son neveu dégoûté du monde et encouragé par les beaux exemples et les grands succès de son oncle, voulut se faire prêtre. Il avait alors vingt et un ans. Au mois d'octobre 1810 il alla faire sa philosophie au grand séminaire de Montferrand.

Le 3 février 1873, j'ai parlé à l'abbé Gaumet, âgé de quatre-vingts ans, qui m'a dit avoir fait sa philosophie et sa théologie avec mon oncle Coste, et avoir été reçu bachelier ès-lettres en même temps que lui. Il m'a ajouté qu'il était très bon élève et était parmi les quatre premiers sur quarante élèves dans sa classe.

En 1811, le baccalauréat ès-lettres fut rétabli. M. Couvert attachait une grande importance à l'instruction et aux grades; ces derniers lui avaient valu sa haute position dans la société; il dit donc à son neveu qu'il fallait absolument qu'il se fît recevoir bachelier ès-lettres. Comme mon oncle avait fait de bonnes études, ce fut chose facile; il se présenta au baccalauréat, et, le 14 août 1811, il fut reçu. Je possède son diplôme et le conserve précieusement. M. Couvert fut très satisfait de ce succès et encore plus, lorsqu'au mois d'octobre 1811, il vit son filleul aller au grand séminaire de Montferrand pour faire sa théologie. Benoît Coste s'y fit remarquer par son travail et ses talents : protégé et encouragé par son oncle, il y obtint des succès.

A la fin de mars 1814, aux fêtes de Pâques, il fut ordonné prêtre. Il voulait que ses parents lui fissent son *titre clérical*, disant qu'il lui serait très utile pour son avancement; sa mère le désirait aussi; mais M. Couvert s'y opposa, alléguant qu'une seconde Révolution était très à craindre et que l'État pourrait de nouveau confisquer les biens du clergé, comme il l'avait fait en 1790 : « Vous devez vous rappeler, répétait-il à cette occasion, les difficultés que mon titre clérical nous suscita. »

Depuis la déroute de Moscou et la bataille Leipsick (1812 et 1813), l'Europe retentissait de la chute de Napoléon; les Prussiens, les Cosaques et toute l'Europe coalisée contre nous (30 mars 1814) entraient victorieux dans Paris; on pouvait donc tout craindre et s'attendre à tout. D'un autre côté, notre grand-oncle se sentait assez puissant à l'évêché, pour faire avoir l'avancement voulu à son filleul, si besoin était : telles furent les causes qui s'opposèrent à la constitution du *titre clérical* de mon oncle curé.

En juin 1814, Benoît Coste fut envoyé vicaire à Saint-Anthème, chef-lieu de canton, arrondissement d'Ambert (3.201 habitants); il y resta deux ans et s'y fit aimer,

En 1816, Novacelles, chef-lieu d'une assez bonne commune du canton d'Arlanc, de 1.024 habitants, le demanda pour son curé. Il s'y rendit accompagné par les MM. Col, Cognasse, Chapuis et Chapeau, ses amis de Saint-Anthème. J'ai demandé bien des fois à mon père, comment il se faisait que M. Couvert n'eût pas fait donner à son filleul une cure plus importante que celle de Novacelles, lui qui était tout puissant à l'évêché : voilà ce que me répondit mon père :

« Lorsque ton oncle fut nommé curé à Novacelles, il trouva que ce poste était bien peu de chose pour lui, et il se plaignit sur-le-champ à M. Couvert. Celui-ci lui répondit que si, lui, supérieur du petit séminaire, était curé à Novacelles et avait pour voisin et ami M. Cisternes, notaire à Saint-Bonnet-le-Chastel, il ne demanderait jamais à changer. »

Ayant toujours été des premiers dans ses classes, étant reçu bachelier ès-lettres, ayant des formes, de l'usage, il pouvait aspirer à un poste plus élevé. Lorsque les conférences furent organisées, nous le voyons pendant longtemps secrétaire de la conférence dans le canton d'Arlanc, présidée par le curé Daguillon, qui fut plus tard curé à Issoire.

Benoît Coste comprit bientôt la justesse des appréciations et des conseils de son parrain : en effet, lorsque quelques années après, Mgr l'évêque voulut le nommer curé à Billom, il refusa, préférant le séjour de Novacelles à tout autre. M. Couvert nous paraît, dans cette circonstance, avoir été du même avis que le sage Socrate, lorsqu'on lui trouvait sa maison trop petite... Sa longue expérience des hommes et des choses lui faisait trés probablement entrevoir plus de bonheur pour son neveu dans un poste modeste, que dans un poste élevé de la société. Et en cela, il pensait très juste, il vaut mieux être le premier dans son village que le second à Rome. Peut-être aussi, connaissant le caractère dominateur, vif et emporté de son filleul, il prévoyait pour lui des difficultés dans une cure plus importante.

Le voisinage de notre famille à Saint-Germain l'Herm put encore contribuer puisamment au choix de notre grand-oncle, car il avait l'esprit de la famille. Du reste, avant que d'être général, il faut être caporal et suivre la filière. Le fait est que M. Couvert porta dans cette circonstance, comme toujours, un jugement que la suite justifia; en effet, son neveu n'aurait jamais voulu plus tard changer son Novacelles pour un autre poste. Une cure magnifique, immense, avec bâtiments d'exploitation, remise, écurie, cour et un grand jardin attenant, en rendaient le séjour agréable. Pour tout autre, ce village aurait été une véritable solitude; mais notre parent eut bientôt trouvé le moyen d'en faire le rendez-vous de toute la belle société du pays.

M. Couvert se plaisait beaucoup à Novacelles; tous les ans il venait, pendant les vacances, y passer quinze jours ou trois semaines. On faisait de grands préparatifs pour le recevoir. Chaque fois qu'il s'y rendait, c'était une fête pour les amis et pour les parents; tous les curés du voisinage, tous les amis et connaissances y étaient invités. M. Cisternes de Saint-Bonnet, homme d'un grand esprit et d'une amabilité sans égale, avait, en sa qualité d'ami intime de notre parent, sa place toujours réservée auprès de lui, à table.

Pendant les grandes vacances, nous nous trouvions réunis chez mon oncle curé, cinq ou six étudiants, parents ou amis qui apportions la gaieté et l'entrain dans la maison.

Ma tante Hospital m'a raconté qu'en 1825, M. Couvert se trouvant à Novacelles, notre parent, le curé Coste, avait engagé en son honneur, ses proches et ses amis, au nombre de vingt-six. Parmi les convives se trouvaient ma grand'mère, mes tantes Hospital, Antoinette et Marie, ma mère, mon père et les trois abbés Bonneton, Missoux et Viallard de Saint-Germain-l'Herm, encore au grand séminaire. Le dîner fut très gai; M. Couvert raconta force anecdotes très amusantes; tout le monde l'écouta religieusement. Il parla d'un arbre géant qu'il avait vu en Angleterre, dans le genre de celui qu'on voyait jadis en Sicile, sous le ramage duquel pouvait se réfugier un escadron de cavalerie.

Le repas fini, les uns allèrent dans le jardin, les autres dans le salon de compagnie, jouer à la bête-ombrée, ceux-ci dans la bibliothèque bouquiner; les plus jeunes, parmi lesquels se trouvaient ma mère, mes tantes et les trois abbés nommés plus haut, se mirent à danser une bourrée dans la cuisine. Notre ancien supérieur qui n'avait pas perdu l'habitude d'avoir l'œil et l'oreille au guet, surprend la jeunesse à danser. Aussitôt chacun de se sauver. « Continuez, continuez, dit M. Couvert, c'est très bien. » Et fixant les trois abbés, ses anciens élèves et ses protégés, il se met à chanter la bourrée suivante :

> Donnez du foin à ces ânes ;
> Car ils l'aiment bien, etc., etc.

Le filleul était très aimé de son parrain, qui chaque année lui faisait des cadeaux en argent, en mobilier, en livres, etc., etc. A l'école d'un semblable maître, et grâce à la fréquentation des premières familles du département, Benoît Coste avait pris les habitudes et le genre du grand monde. Les amis de l'illustre supérieur du petit séminaire de Clermont étaient devenus les siens. Les grandes familles du pays, qui restaient l'été dans les communes circonvoisines de Novacelles, y venaient tous les dimanches entendre la messe de préférence, pour avoir le plaisir de passer la journée avec l'aimable pasteur.

Bientôt Novacelles devint le rendez-vous de la haute société et des magistrats du département; toute la noblesse et la bourgeoisie des cantons d'Arlanc, de Saint-Germain et d'Ambert, les sous-préfets, les procureurs, les présidents, les juges, les receveurs particuliers, les notaires, les avocats du chef-lieu de l'arrondissement, ainsi que le préfet de Clermont et les conseillers venaient tous les ans passer huit ou quinze jours chez mon oncle Coste. Plus heureux que Socrate, il possédait une maison très grande, et il avait le bonheur de la remplir de vrais amis. Il y avait table ouverte pour tout le monde. On était toujours sûr d'y trouver une hospitalité cordiale et toutes les formes de la politesse et de l'amabilité voulues; notre hôte mettait en pratique cet aphorisme de Brillat-Savarin : « Convier quelqu'un à dîner, c'est se charge de son bonheur pendant tout le temps qu'il est sous votre toit. »

Les plaisirs de la table n'y étaient pas négligés; on y trouvait, en tout temps, de la volaille, du gibier et du poisson.

Un réservoir peuplé de truites, une basse-cour et un colombier bien garnis, faisaient que la cuisinière n'était jamais prise au dépourvu. Tous les meilleurs vins de France venaient, à tour de rôle, réveiller la gaieté des convives. Quant à notre parent, il était d'une grande sobriété. Un repas copieux, mais frugal, une bouteille de vin vieux d'Auvergne et une tasse de fort café lui suffisaient pour tout le jour. En fait de vins étrangers et de liqueurs, il n'en prenait que pour en faire boire à ses convives.

Les charmes de la conversation se mêlaient aux plaisirs de la table. Notre aimable amphytrion dirigeait toujours la conversation de manière à la rendre gaie, humoristique, enjouée pour tout le monde. On causait de tout, de littérature, de sciences, d'histoire, etc.; mais jamais des discussions trop vives, jamais des plaisanteries blessantes. On discutait, mais on ne disputait point. Il était permis de faire de l'esprit, mais à condition que tout le monde en rirait, même la victime. Le plus grand bonheur de notre parent était de réunir autour d'une table couverte de fleurs, de mets délicats et de vins fins, ses confrères, ses parents et ses nombreux amis. Dans notre siècle où la gastronomie a fait de la table le premier lien de la société, les bons dîners contribuent puisamment à l'entretien de l'amitié.

Placé loin des grands centres, dans un pays boisé, très giboyeux et arrosé par la Dolore et une foule de ruisseaux, Novacelles se trouvait dans une position très favorable pour la chasse et la pêche. Il était donc permis de se livrer à ces plaisirs innocents, la plus grande partie de l'année. Ces avantages avaient valu jadis à ce village, l'érection d'un joli château fort, sur les bords de la Dolore. Il appartenait ainsi que le château de Saint-Bonnet-le-Chastel et d'Issaudolange, à l'ancienne famille des de Pons, de Lagrange. Ces seigneurs en avaient fait un rendez-vous de chasse et de pêche. En 1577 le manoir des de Pons fut assez beau pour exciter la cupidité du capitaine Merle, qui à la tête des huguenots, vint d'Ambert, pour le piller ainsi que le château d'Issandollange. En 1591 les protestants le livraient de nouveau au pillage.

Ses ruines et ses dépendances furent achetées vers le milieu du XVIIIe siècle par les ancêtres de Maignet, le député conventionnel d'Ambert. J'ai vu et visité la maison où était né ce dernier.

La chasse et la pêche avaient donc fait jadis, de Novacelles, une résidence seigneuriale. Notre parent sut en profiter et changer ainsi sa solitude en un rendez-vous d'amis. Lors donc que ceux-ci venaient y passer quelques jours, c'étaient des parties de chasse et de pêche continuelles. On se couchait de bonne heure, et on se levait de grand matin. Le premier levé s'emparait d'un énorme tambour et battait le réveil tout autour de la maison : C'était le signal convenu. Nous déjeunions bien vite, et nous partions pour la chasse ou pour la pêche. Un domestique chargé de vivres et de vin, pour toute la journée, suivait la troupe joyeuse. A midi, nous dînions sur la pelouse, près d'une claire fontaine et à l'ombre d'un arbre touffu.

Allions-nous à la chasse? les Nemrods du voisinage, invités à notre partie de plaisir, s'empressaient de se joindre à nous. Nos chiens courants réunis aux leurs formaient une petite meute, et alors, malheur, trois fois malheurs aux infortunés lièvres ou aux renards qui étaient lancés!

La pêche se faisait tantôt avec l'épervier, la ligne ou autres engins ordinaires, et tantôt avec la main. Dans ce dernier cas, nous détournions les cours d'eau, les biefs, les ruisseaux et les rivières ; et alors tout le monde, même les moins expérimentés pouvaient jouir du plaisir de prendre à sec les poissons frétillants. Dans les belles soirées d'été, nous allions au clair de lune, prendre au moyen de balances amorcées avec des grenouilles, les écrevisses délicieuses qui se trouvaient en abondance dans les ruisseaux voisins.

Le soir, rentrée au logis, la troupe des chasseurs ou des pêcheurs soupait avec un grand appétit, savourant le gibier ou le poisson attrapé pendant la journée. Chacun racontait ses prouesses ou ses maladresses, et promettait de plus beaux succès encore pour le lendemain. Si le mauvais temps nous empêchait de sortir du logis, les uns travaillaient, les autres jouaient aux cartes, aux échecs, aux quilles, etc. ; ceux-ci tiraient au pistolet ou au fusil ; les bibliophiles allaient dans une splendide bibliothèque bouquiner ou regarder les nombreuses gravures des arts et de l'histoire ; les amateurs de l'équitation enfourchaient le beau cheval noir de M. le curé, et allaient se promener.

La générosité de l'hôte, son savoir-faire, son esprit, sa gaieté, sa popularité, donnèrent bientôt dans tout le Puy-de-Dôme une réputation proverbiale, légendaire, à la manière charmante avec laquelle recevait le curé de Novacelles. Il avait le talent de savoir mettre, dès le principe, chacun à son aise. Bon, généreux, bienfaiteur, serviable pour tout le monde, vif, mais bon, pardonnant les offenses, tolérant, il était craint, respecté, aimé de ses paroissiens et de tous ceux qui le connaissaient. Dans sa commune il était curé, maire, juge de paix, notaire et médecin ; mais il ne se servait de ses connaissances et de son influence que pour rendre service à ceux qui en avaient besoin, sans jamais sortir de son rôle de prêtre, et sans nuire à aucun fonctionnaire. Toutes les fois que le juge de paix, le percepteur, le notaire, l'avocat, le médecin, etc., venaient dans la commune de Novacelles, ils allaient dîner chez le pasteur, c'était une chose convenue d'avance ; fallait-il faire obtenir une faveur à sa commune, exempter un conscrit soutien de famille, obtenir un congé pour un pauvre soldat, réconcilier les familles, prévenir un procès, soulager un malheureux au moyen de sa bourse et de ses conseils, empêcher le riche d'exploiter le pauvre, la veuve et l'orphelin, maintenir le bon ordre, faire respecter le devoir, la loi et la religion, on trouvait toujours le curé Coste disposé à agir et sûr de réussir.

C'était un prêtre militant : il y avait en lui autant du soldat que du prêtre ; il était passionné, violent, énergique. Quand il parlait, son visage se colorait et le sang lui montait au cerveau ; il était d'un tempérament sanguin, vif, mais très bon ; il commençait ses discours avec des phrases onctueuses et finissait en fulminant avec colère. Évangélique au début, doux, généreux, peu à peu il devenait passionné, agressif, violent, pour finir comme un anathème qui se déchaîne. C'était un apôtre sous la soutane duquel étincelait le baudrier du soldat et qui menaçait, la croix d'une main et l'épée de l'autre.

Les habitants de Novacelles, de Saint-Bonnet-la-Chastel, de Bonnet-le-Bourg, de Doranges et de Saint-Sauveur (cinq communes voisines), l'aimaient beaucoup et l'appelaient *leur* Benoît XIV. Cette épithète nous le peint mieux que tout ce que nous pourrions dire.

En effet, ce surnom nous prouve qu'on le regardait comme un homme intelligent, magnanime, grand dans tout ce qu'il faisait, mais impérieux et énergique tel qu'un Louis XIV : or, c'était bien là son caractère.

J'ai trouvé parmi ses notes les pensées suivantes écrites de sa main :

Dans la conduite, simplicité et raison.
Dans l'extérieur, propreté et décence.
Dans les procédés, justice et générosité.
Dans l'usage des biens, économie et libéralité.
Dans les discours, clarté, vérité, précision.
Dans l'adversité, courage et fierté.
Dans la prospérité, modestie et modération.
Dans la société, aménité, obligeance, facilité.
Dans la vie domestique, rectitude et bonté sans familiarité.
S'acquitter de ses devoirs selon leur ordre et leur importance.
Ne s'accorder à soi-même que ce qui vous serait accordé par un tiers, éclairé et impartial.
Éviter de donner des conseils, et lorsqu'on y est obligé, s'acquitter de ce devoir avec intégrité, quelque danger qu'il puisse y avoir.
Lorqu'il s'agit de remplir un devoir important, ne considérer les périls et la mort même, que comme des inconvénients et non des obstacles.
Tout sacrifier pour la paix de l'âme.
Combattre les malheurs et les maladies par la tempérance.
Indifférent aux louanges, indifférent au blâme, ne se soucier que de bien faire, en respectant, autant qu'il sera possible, le public et les bienséances.
Ne se permettre que des railleries innocentes, qui ne puissent blesser ni les principes, ni le prochain.
Mépriser le crédit, s'en servir noblement et mériter la considération.

De semblables pensées n'ont pas besoin de commentaire : elles nous donnent une idée juste de la personne qui les avaient prises pour principes, pour règle de sa conduite.

Benoît Coste naquit le 9 avril 1789 et mourut d'une *myélite chronique* le 12 mars 1852, au château du Saujet, au milieu de ses parents qu'il avait comblés de bienfaits.

PORTRAIT DE MON PÈRE

Puisque nous venons de payer un juste tribut de reconnaissance à notre oncle curé, qu'il nous soit permis d'en faire autant à l'égard de notre père et de notre mère. Le culte des ancêtres qui ont bien mérité de leur famille ou de leur patrie, est le plus sacré, le plus digne de tous les cultes. Nos petits-neveux nous sauront gré de leur avoir fait connaître et proposer en modèle les qualités et les vertus de leurs aïeux.

Joseph Coste, né le 6 octobre 1787, était d'une taille un peu au-dessous de la moyenne, bien constitué, robuste, actif, infatigable et très intelligent. Il se lança de bonne heure dans le commerce des bois, où il réussit très bien, grâce à sa loyauté, à sa prudence et à ses connaissances parfaites dans cette partie. Il avait le coup d'œil si rapide, qu'après avoir traversé une forêt, il pouvait dire sans se tromper : « Elle vaut tant. »

Pour cuber un arbre, ou mesurer une surface quelconque, il était de force à corriger les erreurs des experts géomètres. Il opérait, non suivant les théorèmes de la géométrie qu'il ignorait, mais suivant des procédés à lui propres et justes. Pascal enfant arriva bien, par les seules forces de son génie, à découvrir jusqu'à la trente-deuxième proposition d'Euclide. La facilité de notre commerçant pour compter, était prodigieuse; en voici la preuve. Je lui posais des problèmes d'algèbre à deux et trois inconnus, et du 2me et 3me degré; hé bien, il les résolvait de tête, plus vite que moi, bachelier ès-sciences, avec ma plume. Je n'ai vu faire de ces tours de force que par le célèbre Henri Mondeux, enfant de 16 ans.

A l'époque de la tourmente révolutionnaire de 1793, les enfants du peuple ne recevaient qu'une instruction très limitée; mon père fit donc comme ses camarades; mais une mémoire et un jugement excellent faisaient, que, sans s'être livré à de longues études, il avait pris la pratique des affaires : aussi ses concitoyens, dans presque toutes les circonstances de la vie, le prenaient-ils pour conseiller et arbitre.

Suivant l'ancien régime, un peu sévère pour ses enfants, il était excessivement bon, généreux, serviable pour tous ses compatriotes. En conséquence il était très estimé et très aimé dans tout le pays, et, aux élections municipales, il obtenait l'unanimité des suffrages. Le 9 octobre 1831, Joseph Coste est élu membre du conseil municipal de Saint-Germain-l'Herm ; le 20 fevrier 1842, il est nommé adjoint au maire et, à chaque nouvelle élection il est réélu membre et adjoint du conseil municipal à l'unanimité. Sur les conseils de sa femme et de son frère le curé, il refuse la mairie et reste adjoint jusqu'à sa mort.

Bon époux et bon père, il refuse, après la mort de sa femme de se remarier, dans l'intérêt de ses enfants. Ses relations de famille avec son oncle M. Couvert, furent causes qu'il prit de bonne heure, pour règle de sa conduite, les grands principes du droit, du devoir et de l'honneur : aussi, pendant sa longue carrière, tout le monde l'a estimé et regardé comme un homme de bien.

Économe, excellent administrateur, il a laissé à ses enfants, en mourant, une assez belle fortune acquise en partie par son travail et son intelligence. Avant l'établissement du suffrage universel, (1848), il faisait partie de l'assemblée électorale censitaire, qui nommait les juges du tribunal de commerce, le conseiller général du canton et le député de l'arrondissement d'Ambert. Il mourut le 31 juillet 1857, d'une *pneumonie aiguë* (fluxion de poitrine), contractée par suite d'une imprudence et d'une trop grande activité.

PORTRAIT DE MA MÈRE

Née à Saint-Germain-l'Herm, le 26 novembre 1795, Catherine Raffier épouse Joseph Coste en 1813, et donne le jour à six enfants. Une taille moyenne et élancée, une chevelure noire, des yeux vifs et brillants, un nez bien fait, des traits réguliers donnaient à notre mère une figure expressive, un air gracieux et ouvert. Avec un caractère gai, de l'esprit, la répartie vive, elle aimait la société et en était goûtée. Elle était nerveuse, vive, bonne, généreuse, serviable, charitable pour les pauvres, et savait bien faire ses honneurs. Mon frère l'avoué et ma sœur Marie lui ressemblaient beaucoup pour le caractère, la vivacité, la générosité, l'esprit et le savoir-faire.

Un esprit communicatif, de l'initiative, un excellent jugement et une grande perspicacité permettaient à Catherine Coste de prendre une prompte décision, et de donner souvent de bons conseils à son mari dans les opérations de son commerce. Excellente ménagère, laborieuse, femme d'ordre, elle avait son registre et y marquait toutes ses affaires.

Bonne épouse, tendre mère, elle se faisait craindre et aimer de ses enfants : il lui suffisait de les fixer pour s'en faire obéir. Comprenant les avantages immenses de l'instruction, elle s'attacha à faire instruire le plus possible ses enfants, et contribua ainsi puissamment à leurs succès plus tard dans la société. Malheureusement une maladie chronique, suite de couches, vint l'enlever trop tôt à l'affection de sa famille et de tous ses parents, le 12 août 1842.

CHAPITRE VII

Résumé : En 1811, l'abbé Couvert est nommé supérieur du petit-séminaire de Clermont-Ferrand. — Ses luttes avec le lycée ; ses succès ; son administration est toute paternelle. — Sa grande influence à Clermont et dans le diocèse. — En 1814 il est nommé officier de l'Instruction publique.

Nous lisons dans l'*Histoire de Clermont*, par Ambroise Tardieu :

Avant la Révolution française le petit séminaire était à Clermont, près du Grand Escalier; en 1791 ; il fut supprimé et ne fut rétabli, ainsi que le grand séminaire, qu'en 1804. Il fut réuni à ce dernier, à Montferrand jusqu'en 1811. Mais un décret du 15 décembre de la même année le transféra à Clermont.

L'évêque qui en est le directeur, a confié cet établissement à des prêtres du diocèse. Ces ecclésiastiques enseignent le latin, le grec et toutes les sciences modernes, à une jeunesse nombreuse. Le petit séminaire jouit d'une grande réputation. Je n'ai pas oublié que c'est dans cet établissement, que je commençai mes études de latin dirigées par des professeurs dont je garde en vénération la mémoire.

En août 1811, le supérieur du petit séminaire, alors annexé au grand séminaire à Montferrand, vint à mourir; il fallait lui trouver un successeur capable, administrateur, et qui eût les talents, l'expérience, nécessaires à ce poste difficile. Mais où le prendre? Mgr de Dampierre ne pouvait trouver dans tout son diocèse un sujet capable pour le mettre à la tête de son petit séminaire; il était donc fort embarrassé, lorsqu'un jour, dans son conseil réuni à cet effet, un de ses grands vicaires prenant la parole lui dit : « Vous avez un homme qui convient parfaitement et sous tous les rapports pour administrer votre petit séminaire : cet homme, c'est l'abbé Couvert, aujourd'hui curé des Carmes, ancien professeur et principal du collège, maître d'une pension qui, comme vous le savez, a fait, pendant deux ans et demi, une si rude concurrence au lycée que ce dernier l'a fait fermer. (Récit oral de mon père et de mon oncle.) »

— Vous avez raison, reprit Mgr de Dampierre, l'abbé Couvert nous convient parfaitement : homme à principes, énergique, martyr de la religion, gradué de l'Université, ancien professeur du collège et plus tard son principal, il a le savoir et la pratique nécessaires à cet emploi ; vétéran dans l'enseignement et excellent administrateur, il est connu de toute la génération actuelle, non seulement dans le Puy-de-Dôme mais encore dans les départements circonvoisins. Quel homme pourrions-nous opposer au lycée, qui lutterait plus avantageusement contre lui? Dans ces temps où les idées antireligieuses et voltairiennes relèvent la tête plus que jamais, dans ces temps où le gouvernement ne veut plus de prêtres dans ses collèges et menace d'obliger nos élèves à suivre les cours de l'Université, il nous faut un supérieur comme l'abbé Couvert. »

Tout le conseil applaudit, et sur-le-champ on dépêcha deux grands vicaires auprès de M. Couvert, pour lui faire la proposition de prendre la direction du petit séminaire et le prier, au nom de Mgr de Dampierre, de se rendre sur-le-champ à l'évêché.

M. Couvert suivit aussitôt ces Messieurs à l'évêché où on l'attendait avec impatience. Alors Mgr de Dampierre, le prenant par la main, lui dit :

— Mon cher abbé Couvert, il nous faut un supérieur au petit séminaire ; nous venons de passer en revue tous les prêtres du diocèse, et vous êtes le seul qui réunissiez toutes les qualités voulues pour remplir ce poste difficile ; au nom de la religion, au nom de la société, il faut vous charger de cet emploi. »

M. Couvert lui répondit :

— Monseigneur, vous êtes bien indulgent pour mon mérite ; mais puisque vous croyez que je puis rendre quelques services à la religion et à l'instruction de la jeunesse, je suis prêt à vous obéir.

— Je vous remercie, répartit l'évêque, et nous vous remercions tous ensemble du généreux concours que vous n'hésitez pas à nous prêter dans cette circonstance difficile. Nous n'ignorons pas les sacrifices que vous faites en quittant votre cure chérie des Carmes ; mais nous tâcherons de vous en dédommager. »

M. Couvert atteignait alors sa soixantième année, et malgré sa vie agitée, il avait, grâce à sa forte constitution, et à ses bonnes habitudes, conservé toutes ses forces physiques et morales. Il était tout à la fois l'homme du passé et du présent ; il avait le savoir et l'expérience ; l'évêque avait eu raison de lui dire : « Personne mieux que vous ne peut diriger notre séminaire ».

En effet, l'abbé Couvert avait été pour ainsi dire toute sa vie dans l'enseignement ; il avait l'usage du monde et il était excellent administrateur ; à cette époque où l'enseignement laïque tendait à annuler l'enseignement religieux, et où l'État était à la veille d'obliger les élèves du séminaire à suivre les cours du lycée, il fallait opposer à ce dernier un homme comme M. Couvert qui, connaissant et l'enseignement de l'Université et celui des séminaires, fût à la hauteur de l'époque. Du reste, cette noble et active carrière plaisait encore plus à M. Couvert que l'administration d'une paroisse. L'enseignement était sa vocation, comme nous l'avons déjà dit : l'administration d'un collège ou d'un séminaire, voilà son affaire, son centre, ses prédilections. Quoique très bien aux Carmes, l'abbé Couvert reprit avec un grand plaisir sa carrière de professeur et d'administrateur. Il fut remplacé à Saint-Genès par M. Cabanes, et alla, au mois de septembre 1811, prendre la direction du petit séminaire, alors à Montferrand.

Sa nomination fut rapidement connue dans le Puy-de-Dôme et dans tous les départements circonvoisins. Son nom seul valait toute une clientèle pour le petit séminaire, si je puis m'exprimer ainsi. En effet, aussitôt que le bruit se fût répandu que l'abbé Couvert était supérieur du petit séminaire, tous ses anciens élèves, alors pères de famille, tous ses nombreux amis et connaissances, ainsi que tous les élèves qui l'avaient connu principal, soit au collège, soit dans sa pension particulière, s'empressèrent à l'envi, ceux-ci de revenir se mettre sous sa direction, ceux-là d'y envoyer leurs enfants.

En 1870, M. le docteur Pissis, de Brioude, m'a raconté que la nouvelle de sa nomination était arrivée dans cette ville, et que tout de suite ses parents avaient décidé de l'envoyer au petit séminaire de Montferrand, parce qu'on voyait dans la personne de l'abbé Couvert, déjà connu depuis longtemps, toutes les garanties désirables. Il a ajouté : « La rentrée des classes eut lieu à la Toussaint. Les élèves craignaient et aimaient beaucoup M. Couvert qui faisait très bien marcher cet établissement. »

Tel était l'état des choses, lorsque le 15 novembre 1811, un décret ordonna que désormais les élèves du petit séminaire suivraient les cours du lycée. Voici à ce sujet ce que nous lisons dans l'*Annuaire de* 1812 :

École secondaire ecclésiastique, petit séminaire, directeur M. COUVERT.

— « Cet établissement qui était réuni au grand séminaire, à Montferrand, vient d'être transféré à la maison des Bernardines à Clermont-Ferrand, afin que les élèves suivent les cours du lycée, conformément au décret du 15 novembre 1811. »

« Le Docteur Pissis m'a dit qu'il avait resté près d'un mois au petit séminaire de Montferrand, ayant des professeurs ecclésiastiques qui leur faisaient la classe; mais qu'à partir de décembre 1811, les élèves étaient conduits deux fois par jour à Clermont, pour assister aux classes du lycée: ils y allaient le matin, à sept heures et demie, en repartaient à dix heures pour Montferrand, et y retournaient à une heure et demie, pour en revenir à quatre heures du soir. Une grande partie de leur temps se passait ainsi à aller à Clermont et à revenir à Montferrand. Ils n'avaient pas le temps d'apprendre leurs leçons et de faire leurs devoirs, surtout pour ceux du soir; ils savaient bien moins leurs leçons que les lycéens et pour ce motif étaient souvent punis. Toutes ces contrariétés furent cause que lui-même et plusieurs autres quittèrent le petit séminaire qui, du reste, avait beaucoup plus d'élèves que le lycée. »

Ce fut, pour parer à tous ces inconvénients et aux taquineries du lycée que M. Couvert demanda, vers la fin de 1811, que le petit séminaire fût immédiatement transporté à Clermont. Sa demande fut appréciée et écoutée sur le champ : dès lors, le petit séminaire lutta avec avantage contre le lycée. Mais il était loin d'avoir les locaux qui lui étaient nécessaires. Il fallut approprier le couvent des Bernardines à sa nouvelle destination : beaucoup de constructions, de réparations, de changements furent faits. C'est l'abbé Couvert qui a créé et bâti la chapelle du petit séminaire, ainsi que la salle de récréation qui était au-dessous et dont on a fait les classes depuis quelques années. C'est le corps de bâtiment recouvert aujourd'hui en ardoises et qui alors avait une toiture en tuiles. Il fut recommencé en 1816. Tout cela lui donnait un surcroît d'ouvrage, mais sa grande activité suppléait à tout.

Il s'entendait parfaitement aux réparations, où du reste il n'était pas novice.

De 1811 à 1819 la philosophie fut enseignée au petit séminaire, et cela pour les raisons suivantes : la plupart des élèves du petit séminaire appartenant à la noblesse ou à la bourgeoisie, et ne voulant pas entrer dans la prêtrise, ne tenaient pas à aller au grand séminaire pour y faire leur philosophie; en second lieu, l'enseignement de la philosophie au petit séminaire donnait à celui-ci une plus grande importance, et le mettait sur le même pied que le lycée, son rival, en lui permettant, comme à ce dernier, de préparer ses élèves au baccalauréat ès-lettres.

Pendant plusieurs années, M. Couvert enseigna l'arithmétique, l'algèbre, la géométrie et la physique (récit oral de M. Douce). En homme sérieux et positif, il aimait beaucoup les mathématiques et était bon mathématicien, m'a dit M. Douce. Il avait compris le rôle immense que ces sciences étaient appelées à jouer dans la nouvelle génération; aussi y attachait-il une grande importance.

Ce fut alors que Mgr de Dampierre eut lieu de s'applaudir d'avoir choisi l'abbé Couvert pour diriger le petit séminaire; en effet, les élèves de ce dernier établissement étant obligés de suivre tous les cours du lycée, c'étaient chaque jour mille et une tracasseries de la part des professeurs de l'Université; la cause provenait de la jalousie que leur causaient les succès du petit séminaire, dont le nombre des élèves était bien supérieur à celui du lycée. Mais, pour l'abbé Couvert, qui était gradué et qui avait été professeur et principal au collège de Clermont, l'enseignement de l'Université était une chose connue et familière. Ses talents, sa longue expérience, la grande considération dont il jouissait, dans tout Clermont, lui donnaient une certaine supériorité sur les professeurs et les proviseurs du lycée. Il avait l'air de leur dire : « Je suis là avant vous et j'y serai plus longtemps que vous. »

Aussi on le craignait, on le respectait au lycée, et on y réfléchissait deux fois avant que de chercher noise à un de ses élèves. Les séminaristes suivirent les cours du lycée jusqu'en 1814, époque ou le petit séminaire fut reconnu de droit à Clermont, en vertu de l'article premier de l'ordonnance du 5 octobre 1814, sous le règne de Louis XVIII.

Le petit séminaire eut alors ses coudées franches et enseigna les auteurs et les sciences qu'il voulut. Sous le supériorat de l'abbé Couvert, il prospéra beaucoup et disputa la prééminence au lycée. En effet, toute la noblesse et une partie de la bourgeoisie y envoyaient leurs enfants, préférant l'instruction et l'éducation reçues au petit séminaire sous la direction et la surveillance de l'abbé Couvert. Aussi, dans son dernier registre de l'économât, j'y vois inscrit les noms des premières familles non seulement du Puy-de-Dôme, mais encore de l'Allier, de la Creuse, du Cantal et de la Haute-Loire.

Toute la génération de 1801 à 1821 avait été élevée par M. Couvert. Il n'est encore pas une personne lettrée en Auvergne, âgée de plus de quatre-vingts ans qui ne l'ait connu ou n'ait entendu parler de lui. Après la chute de l'Empire, en 1815, le petit séminaire brilla d'un éclat encore plus grand, qui n'alla qu'en augmentant jusqu'à la sortie de l'abbé Couvert, arrivée à la fin de 1821.

C'est ainsi que dans l'almanach du clergé de France de 1820, j'y vois à propos du petit séminaire de Clermont : « M. Couvert, premier supérieur, nombre d'élèves deux cent vingt-deux. » C'était beaucoup pour cette époque; plus tard il baissa. Notons encore que depuis 1819, la classe de philosophie avait été transférée au grand séminaire de Montferrand.

Au sujet du supériorat de l'abbé Couvert, voici ce que m'a écrit un de mes amis, M. Garait de Marsac, neveu du curé de Mayre, qui avait fait ses études sous lui : « D'après les souvenirs de mon oncle, M. Couvert organisa les études au petit séminaire, y rétablit la *discipline* par son *intelligence*, sa *fermeté* et son *autorité*, dont la dignité est restée carastéristique pour tous ceux qui prononcent son nom. »

Il était tout à la fois supérieur, économe et professeur de mathémathiques, mais sa grande activité suppléait à tout.

En 1811, Mgr l'Évêque le nomma chanoine honoraire et membre du chapitre de la cathédrale.

En 1814, la ville de Clermont, voulant témoigner sa reconnaissance à M. Couvert, au sujet de ses services rendus à la patrie dans l'enseignement, pour avoir organisé son collège et son petit séminaire, demanda et obtint qu'il fût nommé *officier* de *l'instruction publique*. Ce titre honorifique lui permettait de porter sur le côté gauche de la poitrine une décoration formée, dans le principe, d'une double palme d'argent.

Voici quelques anecdotes que m'ont racontées mon oncle curé, l'abbé Camille Lassagne, ainsi que MM. Verdier et Douce : elles montrent l'énergie et le caractère de notre supérieur. A la fin de mars 1814, au moment de la chute de Napoléon, une colonne de 6.000 hommes venant de l'armée du maréchal Augereau et dirigée sur Bordeaux, passe et séjourne à Clermont. Un capitaine vient au Petit séminaire demander 200 lits pour ses soldats; M. Couvert lui répond : « Il m'est impossible d'accéder à votre demande; tous mes lits sont occupés par mes élèves ; chargé de la santé des enfants que leurs familles m'ont confiés, je ne puis les faire coucher à la belle étoile. »

L'officier insiste avec hauteur; alors M. Couvert reprenant son humeur et ses allures militaires, lui dit : « Pourquoi, monsieur, ce ton impératif? Serait-ce peut-être parce que vous avez des épaulettes? Sachez que je les ai portées aussi! Serait-ce parce que vous avez une épée? Mais je saurais m'en servir, et peut-être mieux que vous! »

L'officier, comprenant qu'il n'avait rien à gagner, n'insiste plus et se retire. Ce fut encore là une de ses paroles trop militaires pour sa robe, que M. Couvert se reprochait, surtout les derniers mots.

Le 13 avril 1814, l'armée du général Montholon, ainsi que les partisans du général de Damas, au nombre d'environ 5.000, se retirant devant 15.000 Autrichiens qui arrivaient par la route de Lyon, occupèrent la ville de Clermont et une partie de l'arrondissement. Un détachement de cavalerie appartenant au général de Damas entra tout à coup dans la cour du Petit séminaire et attacha ses chevaux aux arbres, sans en prévenir le Supérieur. Mais celui-ci les ayant aperçus de sa chambre descend aussitôt, et s'adressant à l'officier qui commande, il lui demande en vertu de quel droit il avait rempli le séminaire de cavaliers et de chevaux.

L'officier répond qu'ayant besoin de logements, il avait pris celui qui était à sa convenance.

— « Je ne puis accepter, lui dit M. Couvert, que les soldats qui me sont envoyés par la mairie, et jamais l'autorité ne convertira en caserne un établissement public consacré à l'enseignement de la jeunesse. Partout et toujours les Français civilisés ont respecté les établissements consacrés à l'instruction de la jeunesse. Allez et retirez-vous. »

Sur ces paroles prononcées avec le ton du commandement, cavaliers et chevaux partirent et ne revinrent plus.

Pendant les Cent jours, il arriva que les élèves et les professeurs du Petit séminaire furent une fois insultés par les soldats, au moment où les premiers passaient devant la grande caserne, pour aller à la promenade. Ceci fut rapporté à M. le Supérieur qui, sur-le-champ, alla porter sa plainte au général; ce dernier obligea les officiers de garde ce jour-là, à aller faire des excuses à M. Couvert pour les injures prononcées par leurs soldats.

Comme la caserne n'était séparée du Petit séminaire que par une rue, il arriva une autre fois que les soldats jetèrent des pommes pourries sur les professeurs qui se promenaient dans le jardin : Le supérieur s'en plaignit aussitôt au colonel. Celui-ci mit pendant quinze jours des factionnaires pour empêcher ces mauvaises plaisanteries de se renouveler.

Nous lisons dans l'*Histoire de Clermont*, par A. Tardieu : « Au moment de la chute de Napoléon, les 18, 24 et 25 juillet 1815, des désordres graves eurent lieu à Clermont.

« La tranquillité de la ville, menacée depuis quelques jours à l'occasion du drapeau blanc arboré, le vendredi 14 juillet, fut compromise le 18 et le 19 du même mois par l'arrivée d'un corps de troupes venant de l'armée du duc d'Albuféra, après l'occupation de la ville de Lyon. Le 18, quelques sous-officiers et soldats voulurent enlever le drapeau blanc; le 19, à l'arrivée d'un bataillon de gardes nationaux du Rhône, avec trois bataillons du Puy-de-Dôme, les désordres furent plus graves : le drapeau blanc fut enlevé par la municipalité, comme mesure de prudence, mais aux églises de Saint Genès et de Notre-Dame-du-Port seulement; il fut laissé flottant à l'Hôtel-de-Ville, à la préfecture et à la cathédrale. Celui de la préfecture fut attaqué et défendu avec énergie.

« Sur les deux heures de l'après-midi, la troupe entrant par la barrière des Jacobins poussa le cri de « Vive l'Empereur ! Vive Napoléon II ! A bas les Bourbons ! » Les soldats se répandirent dans la ville, enlevèrent le drapeau blanc de l'église de Saint-Eutrope et le traînèrent dans la boue. Il en fut de même à l'Hôtel-de-Ville. M. Blanchet, médecin que j'ai connu en 1849, lorsque je soignais les cholériques à Gerzat, m'a dit que ce jour-là il était de garde à la cathédrale, lorsqu'il fut assailli par deux dragons qui lui ordonnèrent de crier « Vive l'Empereur ! ». Ayant perdu un de ses frères en Russie, il n'aimait pas Napoléon ; aussi il croisa la baïonnette, et acculé, dans un angle de la cathédrale, il arrêta les cavaliers en criant : « A bas l'Empereur ! »

« Le général maréchal de camp, baron Jacquemart, commandant le département, vint dissiper les troubles à la tête de la gendarmerie à cheval. Il se transporta à la place de la Poterne et au-devant de l'Hôtel-de-Ville. Le lieutenant-général, comte de Marausin, arriva de son côté pour prêter main forte à M. Jacquemart, et rangea sa troupe sur la place de Jaude.

« Le 24 juillet suivant, le bataillon de la garde nationale du Rhône, réuni sur la place d'Espagne, se dispersa avec plusieurs gens de la foule, en criant : « A bas le drapeau ! à bas le chiffon! » Mais cette protestation n'eut aucune suite fâcheuse. Le lendemain 25 juillet, un régiment de dragons, arrivé à Clermont, poussa de nouveau le cri : « A bas le drapeau ! » Le maire, par mesure de prudence, fit enlever ce dernier du clocher de la cathédrale; le lieutenant-général, comte Excelmans, commandant en chef du corps de cavalerie de l'armée de la Loire, venu de Riom à Clermont le 26 avec son état-major, manifesta son étonnement de ne pas apercevoir le drapeau blanc au clocher de la cathédrale; la municipalité lui en fit connaître les motifs. Il se transporta aussitôt devant ce monument et fit entendre des paroles d'ordre mais énergiques. Les désordres s'arrêtèrent. La municipalité de Clermont reconnaissante, vota le 27 et le 28 juillet deux adresses, l'une au général Jacquemart et l'autre au lieutenant-général Excelmans. »

Pendant ces quelques jours les émissaires des Bonapartistes parcoururent les rues en criant : « A bas les légitimistes ! à bas les calottins ! » On craignait qu'ils ne se missent à piller, à incendier les presbytères, les séminaires et les maisons des légitimistes. L'abbé Couvert, qui savait par expérience jusqu'où peut aller la fureur des partis, surtout dans une guerre civile, craignit, et avec raison, que le petit séminaire ne fût la première victime de ces discordes; en vrai commandant de place, il songe donc, dès le premier jour, à organiser la résistance, persuadé qu'avec la canaille il faut montrer du courage pour l'arrêter; puis il lui suffisait de tenir un jour, quelques heures, pour obtenir du secours et voir l'ordre rétabli. En conséquence, notre ancien sous-officier de dragons fait barricader toutes les portes, et arme tout son monde : à l'un il donne un fusil, à l'autre des pistolets, etc.; à M. Boucard, alors professeur de troisième et qui, plus tard, fut secrétaire de l'Évêque, il donne une épée. Mais celui-ci, qui n'a pas le courage de son supérieur, lui demande s'il faut se battre avec cette arme.

L'abbé Couvert lui répond :

— Mais certainement !

— Oh ! mais cette arme est trop courte, reprend le professeur ; je ne me bats pas de si près, moi ! »

Depuis on avait ri beaucoup de cette observation, au petit séminaire.

Cependant, grâce à la bonne contenance de notre vieux dragon et à ses sages mesures de précaution, les mauvais sujets, qui menaçaient certaines maisons du pillage, n'osèrent pas attaquer le petit séminaire.

Ces traits de fermeté, de courage et mille autres semblables de la part de M. Couvert, dans ces temps de troubles et de révolutions, rehaussaient son mérite : dans tout Clermont, les honnêtes gens s'en allaient répétant : « Ah ! vive l'abbé Couvert ! C'est lui qui sait faire respecter le petit séminaire et nos enfants ! » Et chacun racontait les paroles et les actes du Supérieur en les amplifiant encore. Les élèves du petit séminaire, les professeurs et tout le clergé de Clermont étaient fiers d'avoir parmi eux un homme doué d'une telle énergie. Ces actes et une foule d'autres sont devenus légendaires au petit séminaire et dans le clergé du Puy-de-Dôme, et sont encore aujourd'hui racontés partout. Dans ces moments de crises politiques, de bouleversements, où la force prime le droit, où la liberté des personnes n'est plus respectée, il est bon d'avoir à la tête des administrations des hommes de la trempe de M. Couvert. Ayant conservé quelque chose de ses allures militaires, il en imposait beaucoup.

Remarquons ici que, de 1789 à 1821, ces allures militaires étaient parfaitement en harmonie avec cette époque ; en effet, depuis 1789, c'était le règne du régime militaire en France et en Europe. Dans les lycées, les élèves étaient réveillés au son du tambour ; pendant les récréations, on les habituait de bonne heure aux exercices militaires et au maniement des armes : les hommes et les choses, tout en France, jusqu'aux séminaires, ne respiraient que la guerre. A treize ans, il fallait que ceux qui se destinaient à l'état ecclésiastique se prononçassent.

Du reste, le petit séminaire, comme nous l'avons dit, formait beaucoup plus de jeunes gens pour le monde que pour le sacerdoce.

M. Couvert était donc l'homme qui convenait parfaitement, pendant cette période, à la tête d'un établissement de la jeunesse. S'il avait eu les allures d'un moine, il n'aurait pas convenu : il faut être de son époque ; or, M. Couvert était de la sienne, grâce à son expérience des hommes et des choses, grâce aux différents postes qu'il avait occupés dans la société.

Un demi siècle après sa mort, nous lisons dans le journal le *Dimanche des familles*, n° du 25 février 1877, l'article suivant, rédigé probablement par un de ses anciens élèves ou de ses admirateurs, connu sous le pseudonyme de Jean Muse :

C'était immédiatement après les guerres du Premier Empire ; la vie des camps, l'odeur de la poudre, le mépris profond de l'existence humaine que pratiquait Bonaparte, et le contact fréquent du peu de citoyens qui restaient disponibles avec les soldats qui sillonnaient le sol de la France, toutes ces diverses causes avaient apporté, dans le langage même habituel de la vie, une certaine rudesse qui frisait la brutalité. La femme elle-même n'avait pas su se garantir de cette funeste influence, et il n'était pas rare de trouver des dames d'un monde au-dessus du médiocre qui parlaient comme on parle dans les camps.

Un jour, le Supérieur du Petit-Séminaire de Clermont reçut la visite de la mère d'un de ses anciens élèves. L'abbé Couvert était un excellent homme, froid, calme, caustique et à cheval sur les principes. Il avait servi autrefois dans les armées du roi, en qualité de dragon, et avait quitté le casque pour la tonsure ecclésiastique. Il avait eu à subir les tribulations de la terrible Convention et avait dû plusieurs fois chercher son salut dans la fuite et le déguisement.

Une fois le culte rétabli et les petits comme les grands séminaires réouverts, l'autorité épiscopale le nomma supérieur de son Petit-Séminaire.

Un jour donc, il reçut la visite de la mère d'un de ses élèves, et après les premiers saluts d'usage, la conversation s'engagea ainsi :

La Mère. — Donnez-moi donc, Monsieur le Supérieur, des nouvelles de mon fils. Ce b... là, figurez-vous qu'il y a trois mois qu'il ne m'a pas écrit, et je commence à être inquiète.

Le Supérieur. — Mais, mon Dieu, Madame, Monsieur votre fils ne va pas mal, son travail est assidu, ses progrès sont sensibles, sa tenue est bonne ; seulement il a une très mauvaise habitude, qui est très désagréable et peu convenable pour une maison comme la nôtre : il a la mauvaise habitude de jurer.

La Mère. — Pas possible, Monsieur le Supérieur, comment ! il s'avise de jurer ce b... là ? Faites-le moi appeler que je lui f... une semonce devant vous. »

Le supérieur gardant toujours son plus grand calme, sonne le portier et lui dit d'appeler l'élève un tel.

Aussitôt que la mère voit arriver son fils, sans prendre le temps de l'embrasser, elle se met à le gourmander de la plus verte manière : « Comment, lui dit-elle, mauvais petit b..., tu t'avises de jurer ; qui qui est-ce qui m'a f... un galopin comme toi ? Si Monsieur le Supérieur me dit encore que tu jures, je te flanquerai une danse dont tu te souviendras. »

Le Supérieur qui n'était pas sorti de son sang-froid, dit à l'élève : « Malgré toutes nos recommandations vous n'avez pas voulu vous corriger du vilain défaut de jurer, je suis bien aise d'en avoir parlé à Madame votre mère ; peut-être vous corrigerez-vous maintenant, car vous le voyez (un sourire moqueur effleura ses lèvres), vous le voyez, ce n'est pas Madame votre mère qui vous apprend à jurer. »

Un jour, en passant dans la rue, M. Couvert salue un individu décoré de la Légion d'honneur; mais voyant que ce dernier ne lui rend pas son salut, il s'arrête et le toise des pieds à la tête. Alors le personnage en question, prévenant une apostrophe, dit: « Je ne rends pas le salut d'un corbeau!. »

M. Couvert lui répond : « J'ai salué la croix, mais je vois que la croix peut aller sans l'honneur. »

En 1817, M. Croizet, le savant paléontologue qui fut plus tard curé à Neschers, était alors professeur de philosophie au petit sémi. naire. Il se plaignit à M. le Supérieur de ce que, pendant deux jours de suite, un voleur s'était introduit dans sa chambre pendant qu'il faisait sa classe et lui avait volé ce qu'il y avait trouvé.

M. Couvert lui dit : « Il faut vous cacher et vous le prendrez quand il reviendra. Mais M. Croizet ayant répondu qu'il avait peur, son supérieur lui dit : « Hé bien ! ce sera moi qui m'y cacherai et qui prendrai le voleur. »

Le lendemain, à l'heure indiquée, M. Couvert, armé de son fusil et de son vieux bancal, se cacha dans un placard de la chambre du professeur et attendit de pied ferme son voleur. Ce dernier ne manqua pas d'y venir pendant la classe; aussitôt entré, il alla ouvrir le tiroir où se trouvait l'argent et un pistolet de M. Croizet, et prit le pistolet entre ses mains. Immédiatement M. Couvert donna un coup de pied à la porte du placard qui s'ouvrit, et, avec son fusil, coucha en joue le voleur, en lui disant : « Mettez vos deux mains sur votre tête; si vous bougez, vous êtes mort. »

Le voleur leva les bras sans avoir la force de finir de les porter sur sa tête, tant fut grande sa frayeur. M. le Supérieur, le voyant tout tremblant, s'élança vers lui et lui dit: « Pauvre gamin, je n'avais pas besoin de fusil pour t'arrêter! » C'était un jeune homme de seize ans, élève au petit séminaire. Alors, comme c'était convenu, M. Couvert tira un coup de fusil par la fenêtre, et aussitôt tous les séminaristes arrivèrent. Il confia le voleur à quatre élèves en leur disant: « Gardez-moi cet estafiet. » Quelques minutes après, il était chassé de l'établissement (Douce).

Les traits suivants prouvent combien il était craint et respecté : il y avait parfois des troubles en étude, comme cela arrive dans tous les établissements. Les surveillants faisaient alors prévenir M. le Supérieur. Celui-ci se présentait dans la salle, au milieu des élèves; tous les maîtres d'étude sortaient. L'abbé Couvert faisait un tour de la salle, lançait quelques coups d'œil scrutateurs et sévères sur les plus mutins, déposait son chapeau sur la chaire et se retirait (c'était ce qu'on appelait : faire faire l'étude par son chapeau).

La crainte du maître était maintenue par la seule vue de son chapeau; personne plus ne bougeait et le plus profond silence régnait. Ce trait peint mieux notre supérieur que tout ce qu'on pourrait dire.

Il avait l'habitude de faire des rondes dans les dortoirs, pendant la nuit, assez souvent et à toute heure. A chaque fois, il avait soin qu'on le vit, afin que le lendemain on se le répétât. Comme bien souvent il prenait les élèves qui faisaient des niches pendant la nuit, ces derniers avaient fini par dire : « M. Couvert ne se couche jamais, on le voit toutes les nuits rôder dans les dortoirs, dans les corridors et partout. » Pendant la nuit, entendait-on le moindre bruit, chacun se disait : « C'est lui, c'est lui, gare, gare, M. le Supérieur ! ! ! »

Il avait une finesse et une adresse particulières pour découvrir les ruses et les niches des élèves et des domestiques, comme nous allons le voir dans les anecdotes suivantes.

Mon oncle curé m'a raconté qu'une fois certains élèves faisaient rentrer des liqueurs au petit séminaire. Les maîtres d'étude, ne pouvant pas les prendre, racontent le fait à M. le Supérieur. Celui-ci fait la garde jour et nuit et, la troisième nuit à une heure du matin, il s'aperçoit qu'une longue corde est jetée, par la fenêtre du dortoir, dans la rue, qu'on y attache une bouteille et que les séminaristes du dortoir la tirent à eux.

Aussitôt il court à un étage supérieur, prend une bouteille d'encre, se place à une croisée, vis-à-vis de celle où les contrebandiers font leur petite opération, et au moment où a lieu l'ascension d'une autre bouteille, il verse l'encre sur le bras de l'élève en chemise qui tire la corde : la chemise de ce dernier est tachée d'encre, et M. Couvert se rendant immédiatement au dortoir, le coupable ne peut pas dire que ce n'est pas lui.

Quelques jours avant la fête de M. Couvert, dix dindons furent achetés pour la célébrer; tout à coup il y en eut un qui disparut et on ne put savoir ce qu'il était devenu. Le lendemain le supérieur vit, en se promenant dans le jardin, le jardinier porter toujours ses regards au même endroit.

— Va chercher ta bêche, lui dit-il, je voudrais que tu fisses un creux, là, en lui désignant le lieu où il avait vu ses yeux se diriger.

Le domestique se met en devoir de faire le creux demandé assez large, mais peu profond.

— Je le veux beaucoup plus profond, lui observe M. Couvert. »

Alors le jardinier, croyant qu'il savait tout, lui répond :

— J'ai eu le malheur, l'autre jour, de tuer un des dindons; comme ils abîmaient tout le jardin, je leur ai lancé une pierre pour les chasser; j'en ai frappé un à la tête, il est tombé raide mort, et je l'ai enterré là.

— Je le pensais, lui dit M. le Supérieur.

Les élèves volaient des abricots à des espaliers, disposés le long du mur de l'établissement; M. Couvert se cache derrière une croisée, et, lorsque le voleur vient cueillir les abricots, il sort son bras par la croisée et lui en pose un dans la main. (récit de M. Gomet.)

Le lait nécessaire à la maison était déposé dans un bac recouvert par un couvercle fermant à cadenas.

Chaque jour il disparaissait et on ne pouvait savoir comment. M. le Supérieur fait le guet et découvre bientôt que ce sont deux gamins, élèves du séminaire, qui, au moyen de chenevottes, en têtaient le lait, à travers des trous pratiqués au couvercle et soigneusement rebouchés après chaque opération.

M. le curé de Maringues m'a raconté qu'un matin, il y avait huit élèves qui n'avaient pas vidé leur vase de nuit, comme l'ordonnait le règlement. L'abbé Couvert, qui aimait beaucoup à employer le ridicule pour corriger ses élèves, profitant du moment de la récréation, où en guise d'amusement on exerçait les jeunes gens de l'établissement aux manœuvres du soldat, musique en tête, enseignes déployées, ordonne aux huit coupables, leurs vases entre les mains, de se mettre à la tête du défilé pour se diriger vers une pièce d'eau et, là, rincer leurs pots en présence de tous leurs condisciples. La correction fut bonne et produisit son effet à l'avenir.

Quatre rhétoriciens faisaient arriver des vivres de l'extérieur, et allaient les manger ensemble toujours au même endroit, sur les huit heures du soir : il était nuit.

M. le Supérieur l'ayant appris, se blottit dans un passage obscur, et lorsqu'un des larrons vient à passer, M. Couvert, caché dans l'obscurité, contrefait sa voix et lui dit : « Où vas-tu? » — Je vais là-bas manger avec les autres quelque chose de bon que nous avons fait rentrer; suis-moi. » M. Couvert répond : « Je me suis fait mal à une jambe, je ne puis marcher, porte-m'y. »

L'élève reprend : « Mets-toi sur mes épaules, prends-moi par le cou. » — Et il le porte ainsi au milieu des autres convives. Je vous laisse à penser la surprise de ces derniers en voyant leur camarade porter, au milieu de leur repas clandestin, M. le Supérieur...

Le docteur Langlade m'a raconté que les élèves avaient l'habitude d'éteindre les lampes au dortoir, au moment où ils allaient se coucher; puis à la faveur de l'obscurité, ils jetaient des pommes cuites sur les surveillants, faisaient rouler des sabots, etc... On ne pouvait prendre les coupables. M. Couvert va, un soir, éteindre lui-même toutes les lumières et se cache dans le dortoir avant l'arrivée des élèves; grand tapage lorsque ces derniers arrivent; personne ne se doute du stratagème; mais bientôt les pertubateurs tombent entre les mains du Supérieur et sont punis en conséquence. Le lendemain et le surlendemain les lampes sont encore éteintes par M. Couvert, mais personne ne bouge.

Si dans la suite, quelques farceurs les éteignaient on se disait : « Ne bougeons pas, c'est une ruse de l'abbé Couvert; il est caché par là, gare à nous ! »

M. Roche, curé à Lamontgie, m'a raconté qu'un jour M. Couvert, faisant sa ronde, avait passé à l'infirmerie pour voir s'il n'y avait pas quelques flâneurs. A peine était-il sorti que M. Faugières, qui plus tard fit un excellent notaire au Vernet et qui se trouvait à ce moment à l'infirmerie sans permission, saute de joie, en s'écriant : « Bon, je suis sauvé, il ne m'a pas connu ! » Mais notre Supérieur écoutait derrière la porte; il l'entend et rentre subitement en disant : « Bon, vous êtes pris; je vous ai connu, vous irez à la table de pénitence ! »

CHAPITRE VIII

Résumé : En 1821, à l'âge de 70 ans, malgré ses parents et ses amis, l'abbé Couvert se rend à Paris pour s'y faire opérer *de la pierre*. — Mon oncle Coste s'y oppose. Vers la fin de 1821, son infirmité et ses souffrances le forcent à prendre sa retraite. — Il se retire dans sa maison des Carmes, où il est longtemps encore le Nestor de la jeunesse et du conseil de l'évêque.

En 1820, malgré ses 69 ans et la vie agitée et très occupée qu'il avait menée, M. Couvert, grâce à sa forte constitution et à son énergie morale, dirigeait encore admirablement le petit séminaire; mais depuis quelque temps déjà il souffrait de la *pierre*. Ma tante Catherine m'a dit à ce sujet que depuis longtemps sa mère avait remarqué du sable dans le vase de nuit de son cousin. A cette époque il proposa à Mgr l'Évêque de se retirer, disant que ses infirmités ne lui permettaient plus de travailler comme par le passé; mais Mgr de Dampierre ne voulut pas y consentir : il appréciait trop le mérite et la bonne administration du supérieur de son petit séminaire pour accepter sa démission.

— « Mon cher ami, lui répondit-il, puisque vous êtes souffrant, ne faites que ce que vous pourrez, ne faites rien si vous voulez, prenez un aide et deux s'il faut; mais de grâce, ne nous abandonnez pas si vite; votre présence seule au petit séminaire suffit pour que tout aille bien. »

Notre parent, malgré ses souffrances, consentit à rester encore supérieur; mais il s'adjoignit M. Chassaing comme deuxième directeur.

Nous l'avons vu, dans le principe, luttant contre la persécution, l'exil, et sortant victorieux de ce combat de martyr.

Jusqu'à présent tout lui a réussi : le voilà arrivé à la tête du diocèse, au faîte des honneurs; il a pour lui une haute position, la gloire, l'honneur, l'estime de tous ses concitoyens; pourquoi faut-il qu'une cruelle infirmité, la *pierre*, vienne paralyser les forces de ce digne mentor de la jeunesse qui, malgré ses 69 ans, a conservé toutes ses facultés, toute son énergie, son activité, et qui aurait pu encore former une génération de bons citoyens à la patrie?

La Providence a ses desseins, il faut les respecter. Ce genre d'infirmité portant sur les organes génito-urinaires, l'ennuyait beaucoup. Il disait souvent à mon père : « La maladie, que je redoutais le plus, a été précisément celle que j'ai eue. » Il tenait ce langage par vertu. Il aurait, disait-il, préféré toute autre affection.

M. Couvert se résignera avec courage à ce coup imprévu de la fortune, et nous le verrons encore plus grand dans ses infirmités inattendues qu'au milieu de sa prospérité et de son triomphe.

Mais se voir condamné au repos, à l'inaction, lui, l'activité même ! Se voir forcé d'abandonner ses chers élèves, ses professeurs, son petit séminaire, et surtout lorsque tout le monde voulait l'y retenir, lui disant qu'il y était utile, nécessaire, c'était pour lui un coup terrible : semblable à un commandant de place, serré de près par un ennemi supérieur en forces, il luttera, fera toutes les tentatives possibles et ne se retirera que lorsqu'il aura épuisé tous les moyens de résistance.

Il est dit dans la Bible, au chapitre 38e de l'Ecclésiastique : « Honorez le médecin, c'est Dieu qui l'a créé, et son art vous est nécessaire, etc. » L'abbé Couvert va obéir à ce précepte, et essayer de se faire guérir ou au moins soulager par la médecine, afin de rendre encore des services à la société. Le voilà donc qui consulte les Fleury, les Lavort, etc, etc... On lui répond : « Il n'y a que l'opération de la *lithotomie* qui pourrait vous guérir, et encore est-elle très douloureuse et très dangereuse, surtout à votre âge ; c'est une des opérations les plus graves de la chirurgie ; sur cinq on en sauve un. »

Malheureusement, Civiale n'avait pas encore découvert la *lithotricie*.

Quant à la douleur, peu lui importe : nouveau Pomponius, il répond : « *Nihil agis, ô dolor* ! » La douleur n'est rien et elle ne m'empêchera pas de tenter une opération, qui seule peut me permettre de diriger encore pendant quelque temps mes enfants chéris du petit séminaire.

Relativement au danger, lui qui a vu cent fois la mort à ses côtés, il le brave avec plaisir, en songeant que c'est pour rendre service à son pays. Du moment où tout le monde désire le voir continuer encore à donner ses sages et paternelles leçons à la jeunesse, il regarde comme un devoir de tout tenter, même au péril de sa vie. C'est ainsi qu'il se montre à la hauteur de l'estime et de l'amour qu'on lui porte. A l'exemple d'Alexandre, il veut qu'on emploie le moyen le plus énergique pour le guérir le plus rapidement possible, afin de reprendre ses fonctions au mois d'octobre prochain.

C'est en vain que Mgr de Dampierre et tous ses nombreux amis s'efforcent de le dissuader de cette résolution : rien ne peut changer cette volonté de fer. Sans prévenir ni ma grand'mère, ni son filleul, mon oncle curé, de peur qu'ils ne le détournent de son dessein, il part, au mois d'août 1821, pour Paris afin de se faire pratiquer la *lithotomie*. Là, il consulte les sommités de la chirurgie, les Boyer, les Dubois, les Richerand et les Dupuytren.

Tous lui disent qu'il a un gros *calcul* dans la vessie et que l'opération seule peut le guérir, mais qu'à son âge on ne peut lui répondre du succès; qu'on en sauve à peine un sur cinq; que la mort peut arriver pendant les manœuvres mêmes de la *taille* et après; que, s'il n'avait que quarante ans, les chances de réussite seraient bien plus grandes.

— « S'il ne faut que du courage et de la force, j'en ai assez, répondit-il, et je me sens capable de tout supporter, aussi bien qu'à 40 ans. Du reste, je ne puis me condamner à l'inaction lorsque je me sens encore plein de force ! »

Le baron Antoine Dubois, le grand chirurgien de l'empereur Napoléon Ier, se voit obligé de céder devant cette volonté de fer; il lui promet donc que, puisqu'il veut absolument tenter les chances de la *lithotomie*, il la lui pratiquera après quelques jours de repos et de préparation, dans la maison nationale de santé qu'il dirige.

M. Couvert, enchanté de cette promesse et du courage que, sans s'en douter, il avait lui-même su inspirer à son opérateur, rentre dans son hôtel et s'empresse d'annoncer à ma grand'mère et à la famille qu'il est à Paris, qu'il va très bien, et que M. Dubois s'est chargé de l'opérer et de le guérir.

Pour empêcher que quelqu'un des membres de sa famille ne vienne le joindre, il ajoute : « Soyez sans inquiétude sur mon compte. Dans 2 jours je vais entrer à la maison nationale de santé, rue du faubourg Saint-Denis à Paris : C'est une grande maison de santé où on ne reçoit que des malades payants, où chacun à sa chambre et est parfaitement bien soigné. Je serai confié aux soins habiles du grand chirurgien Dubois, et j'espère être bientôt guéri. Ne vous dérangez donc pas avant que je vous écrive. »

La maison de santé Dubois était, en effet, l'établissement où les malades étaient les mieux soignés de tout Paris, comme je l'ai constaté moi-même en 1849 et 1850, époque où j'y avais un service comme élève externe. En parcourant les différentes chambres de cet établissement, je me suis bien souvent dit : « C'est peut-être dans celle-ci que mon grand oncle Couvert a couché, c'est peut-être sur ce lit d'opération qu'on l'a mis pour l'opérer; en effet, M. Douce et mon oncle curé m'ont raconté qu'à deux reprises différentes, M. Dubois l'avait fait mettre sur le lit d'opération, pour lui pratiquer la *lithotomie*; mais que n'ayant pas senti la pierre, en le sondant, ces jours-là, l'opération avait été renvoyée à un autre jour. J'ai pensé que le chirurgien avait peut-être voulu essayer d'intimider son malade, et le forcer ainsi à renoncer à une opération si dangereuse.

L'abbé Couvert ne fut pas le moins du monde effrayé par la vue de tous les préparatifs, ni par celle des instruments nécessaires à la *lithotomie*, ni par la douleur du cathétérisme. Il persista à vouloir se faire opérer et dans le plus bref délai possible.

Sur ces entrefaites, le bruit courut à Saint-Germain que M. Couvert était mort à Paris, des suites de l'opération. Aussitôt mon père se rendit à Novacelles et, de concert avec son frère, ils partirent immédiatement pour Clermont. Là, ils apprirent, à leur grand contentement, soit au petit séminaire, soit à l'évêché, que leur oncle ne s'était pas encore fait opérer et qu'il allait bien ; on leur dit que c'était un autre prêtre, du Puy-de-Dôme, qui était allé à Paris pour s'y faire traiter et qui venait d'y mourir des suites de l'opération.

Mon père revient alors à Saint-Germain apporter à la famille l'heureuse nouvelle du bon état de santé de M. Couvert, tandis que son frère se rend à Paris, chargé, par tous ces parents et amis, de détourner son oncle de sa résolution. Il le trouve dans la maison de santé Dubois, gai et plein de courage, se préparant à se faire opérer. Il s'efforce de lui faire abandonner son dessein, mais en vain.

Alors, il va trouver le chirurgien Dubois et lui dit : « Je suis le neveu de l'abbé Couvert, supérieur du petit séminaire de Clermont-Ferrand, que vous devez, un de ses jours, opérer de la *pierre*; je viens, au nom de sa famille et de ses amis, vous prier de nous dire ce que vous pensez d'une semblable opération. »

M. Dubois lui répond : « Je m'en suis bien chargé, mais je ne garantis pas le succès: à l'âge de M. Couvert, la *lithotomie* est excessivement grave; nous ne sauvons que un sur cinq de ces vieillards opérés, tandis qu'il peut vivre longtemps encore avec son infirmité. Je ne voulais pas faire cette opération à votre oncle, mais, par son opiniâtreté et son courage, il me force pour ainsi dire la main. »

— « Dans ces conditions, je vous prie, M. Dubois, de tenter encore demain, à votre visite, de dissuader mon oncle de sa résolution. »

L'illustre et bon chirurgien le lui promet.

Quelques instants après, Benoît Coste est auprès de son parrain, et lui répète l'entretien qu'il vient d'avoir avec le docteur Dubois : « Mon oncle, lui dit-il, j'ai parlé à plusieurs médecins très compétents, et tous m'ont recommandé expressément de ne pas vous laisser opérer. Du reste, après ce que vient de m'exposer M. Dubois, je soutiens que la *lithotomie* serait, chez vous et à votre âge, un homicide, pour ainsi dire.

« Nos parents et tous vos nombreux amis m'ont chargé de vous prier de ne pas aller au-devant de la mort, et de vous conserver encore à leur amour et à leur amitié ; nous aimons mieux vous voir infirme que mort ! Vous connaissez mieux que moi les paroles d'Esope et de La Fontaine à ce sujet.

« Vous pouvez encore nous rendre de grands services par votre longue expérience, par vos sages conseils. Vous avez satisfait à l'honneur et au devoir : aller plus loin, ce serait tenter la Providence. Au nom de la religion, au nom de la société, au nom de nos parents, de vos amis et de vos chers élèves, conservez-nous des jours qui nous sont à tous si précieux ! »

Ce jour-là, Mgr l'Évêque de Clermont lui écrivait la lettre suivante :

A mon ami Couvert (*très pressée*).

Mon cher ami,

A votre âge. on ne se fait pas pratiquer une opération semblable : je vous prie, de grâce, de ne pas vous faire opérer.

DE DAMPIERRE, évêque de Clermont.

M. Bertrand, médecin inspecteur des eaux du Mont-Dore, l'élève de M. Couvert, se trouvant à Paris, s'empressa d'aller voir son ancien maître, lui offrit tous ses services et s'opposa fortement à ce qu'il se fit pratiquer la *lithotomie*.

Le lendemain, le baron Dubois, conforménent à sa promesse, vint à la maison de santé et déploya toute son éloquence pour détourner notre parent de l'opération. Celui-ci finit enfin, mais à regret, par céder aux prières de son neveu et renonça à se faire opérer.

Ce fait m'en rappelle un semblable qui rendra plus croyables l'opiniâtreté et la conduite de l'abbé Couvert. Le voici : Mon excellent ami, le docteur Coiffier, de Tours, malgré mes conseils et ceux des médecins, va *seul* à Paris, en 1857, pour se faire opérer d'une tumeur qui le gênait à peine, et meurt 2 mois après des suites de l'opération. Il fut pleuré de tous les pauvres de son canton, pour lesquels il était un vrai père. Il aurait cependant pu vivre encore de longues années avec sa petite infirmité et rendre de grands services à ses concitoyens.

Il est très probable que M. Couvert aurait succombé à l'opération sanglante de la *pierre*.

Ainsi, grâce aux démarches de son neveu, à sa prudence et à l'énergie qu'il mit dans son opposition à la *lithotomie*, nous avons pu garder notre parent plusieurs années parmi nous, souffrant, il est vrai, mais la fable de La Fontaine est là pour prouver que la vie est toujours préférable à la mort.

Quelques années après, j'eus, à l'exemple de mon oncle curé, le triste privilège d'accompagner à Paris un parent qui ne m'était pas moins précieux, mon frère chéri, avoué à Ambert. Lui aussi, à l'exemple de son grand oncle, aurait voulu, au moyen d'une opération, quelque grave qu'elle fût, guérir le plus tôt possible de l'affection dont il souffrait.

La chasse, sa seule distraction et son unique passion, fut cause qu'il contracta un *rhume* de *cerveau* d'abord et puis ensuite une *laryngite*, qui l'enleva, hélas! trop tôt à sa famille et à ses nombreux amis et clients. C'est en vain que nous consultâmes les sommités de la médecine, les Velpeau, les Nélaton, les Jaubert de Lamballe, les Ricord, les Maisonneuve et les Rostand : les plus hardis voulaient faire l'opération, les plus prudents s'y opposaient. Me rappelant le souvenir de M. Couvert, qui vécut encore sept ans après sa consultation de Paris, je me rangeai du côté de ces derniers; si nos vœux ne furent pas réalisés complètement, nous eûmes du moins la consolation de prolonger les jours d'un parent bien aimé de toute la famille, de lui laisser l'espérance et de le voir mourir sans douleur, ayant conservé jusqu'au dernier moment toutes ses facultés.

Que ce souvenir et ce faible hommage de notre reconnaissance arrivent jusqu'à notre frère chéri et à notre excellent ami,

M. Coiffier, et réjouissent leurs âmes dans le lieu où, réunis avec toute leur famille, ils ont reçu la récompense due aux hommes de bien !!!

M. Couvert était assez fatigué par le motif qu'on l'avait sondé plusieurs fois, comme nous l'avons déjà dit. Il fut donc obligé, pour revenir à Clermont, de prendre une chaise de poste et de faire ce long voyage à petites journées. Son neveu ne le quitta pas jusqu'à son retour au petit séminaire de Clermont. Voyant que décidément il n'y avait pas possibilité de guérir, et que ses infirmités étaient incompatibles avec les fonctions de supérieur, il pria Mgr l'évêque d'accepter sa démission ; ce dernier, après avoir insisté encore pour engager son ami à continuer à administrer le petit séminaire, se vit forcé, mais à son grand regret, de lui donner un successeur. M. Douce m'a rapporté, en effet, que déjà, depuis longtemps, M. Couvert ne disait sa messe qu'à de longs intervalles ; la « *pierre* » le faisait souffrir beaucoup et presque continuellement : à chaque instant il était obligé d'uriner.

Il quitta donc le petit séminaire vers la fin de 1821, avant la rentrée des classes, comme nous le voyons par son registre, et se retira dans la cure des Carmes qu'il avait fait réparer et dont il avait la jouissance jusqu'à sa mort, conformément à ce que nous avons dit plus haut.

A l'exemple de Job, et en vrai chrétien, il se soumet aux coups de la Providence et s'écrie : « Mon Dieu, que votre sainte volonté se fasse ! Je sais que vous ne châtiez que ceux que vous aimez, et que vous payez au centuple tout ce qu'on souffre pour vous ! »

La religion, la philosophie et sa grande âme lui fournissent assez de courage et de consolation. Ce ne sont pas les souffrances qu'il redoute, c'est l'inaction, c'est de se voir condamné à ne pouvoir plus consacrer sa vie à l'éducation et à l'instruction de cette jeunesse, qu'il aime tant et dont il est tant aimé. Le voilà retiré dans sa maison, mais il n'est pas isolé; tous les jours ses nombreux amis, ses nombreux élèves viennent le voir, causer avec lui, lui demander un conseil, une faveur auprès de l'évêque, le remercier des services qu'il leur a rendus jadis, etc... etc...

Le marquis de Pons, de Brioude, et le docteur Langlade m'ont dit : « Nous faisions, ainsi que tous ses élèves, de fréquentes visites à notre ancien Supérieur, dans sa maison des Carmes. Il nous recevait avec une bonté toute paternelle et nous donnait les bons conseils que lui dictaient la sagesse et son expérience. »

L'abbé Couvert continua à faire partie du conseil de l'évêque, dont il était le Nestor, et cela jusqu'à sa mort. Avait-on besoin d'une appréciation sur tel ou tel prêtre, fallait-il opérer un changement au petit séminaire, surgissait-il une difficulté avec l'Université, s'agissait-il de défendre les intérêts de la religion, du clergé? C'était à lui, et toujours à lui qu'on s'adressait. A peine a-t-il quitté le petit séminaire, qu'on y remarque le vide qu'il y fait. Le docteur Langlade, élève à cette époque au petit séminaire, m'a dit que M. Bouchard, son successeur, était loin d'avoir ses talents et son tact administratif. Pendant longtemps il fut regretté des professeurs et des élèves, et pendant plus longtemps encore on y parla avec regret et admiration de sa bonté toute paternelle, de son activité, de son savoir-faire, de son tact, de ses traits, de ses actes, etc. A chaque instant on entendait les élèves, leurs parents et tout le monde dire : « Du temps de M. Couvert ça marchait mieux, où est l'abbé Couvert ! ! ! »

Il faut convenir qu'il était difficile de remplacer un semblable administrateur. Sous le supériorat de M. Bouchard, le petit séminaire baissa, le nombre des élèves diminua.

Ce fut alors qu'on apprécia encore plus les rares qualités de M. Couvert. Dans sa retraite, se survivant à lui-même, il eut le plaisir de jouir de la justice que la génération actuelle rendait à son mérite, justice qui n'est ordinairement rendue aux grands hommes qu'après leur mort. A part les souffrances que lui causait la « *pierre* », on peut donc dire que notre parent fut heureux, et jouit pendant ses dernières années de la récompense, due aux pénibles labeurs de l'enseignement et à sa belle et longue administration, soit au collège, soit au petit séminaire.

Par les registres de notre grand-oncle, et par les reçus de Mgr l'évêque, nous avons constaté qu'il donnait tous les ans à l'évêché de 25.000 francs à 35.000 francs d'économie, après avoir payé toutes les dépenses du petit séminaire; en effet, 250 élèves à 400 francs, somme supérieure à celle de 800 francs aujourd'hui, donnaient un total de 100.000 francs, chiffre plus que suffisant pour subvenir à tous les frais. Mes tantes Mousset et Sabatier m'ont assuré avoir vu de petites caisses pleines de pièces de 5 francs, que leur oncle envoyait à l'évêché, provenant des bénéfices qu'il avait réalisés. Un jour, Mgr de Dampierre, en recevant les 30.000 francs que l'abbé Couvert lui envoyait par un de ses professeurs, s'écria : « Hé bien, en voilà un bon administrateur ! avant lui, l'évêché était tous les ans obligé de fournir des fonds au Supérieur du petit séminaire.

En 1820, Mgr l'Évêque, content de l'administration de l'abbé Couvert et surtout de la manière désintéressée avec laquelle il rendait ses comptes, ne gardant rien pour lui, le nomma chanoine titulaire, ce qui lui valait 1500 francs par an.

En novembre 1821, après avoir pris sa retraite, son infirmité ne lui permettant qu'assez rarement d'aller au chœur de la cathédrale pour y remplir ses fonctions de chanoine titulaire, il donna sa démission à Mgr de Dampierre. Mais l'évêque lui répondit : « Je ne veux pas l'accepter ; je veux que vous gardiez le canonicat comme une retraite pour votre conduite noble et désintéressée pendant tout le cours de votre administration du petit séminaire. » Quel plus bel éloge de l'abbé Couvert, que ces paroles de Mgr de Dampierre? ? ?

Le 13 juillet 1823, M. de Pons de Lagrange, vicaire général du diocèse de Clermont, ayant été nommé évêque à Moulins, vint trouver notre parent et le pria de vouloir bien accepter la place de grand vicaire dans le diocèse de Moulins. Celui-ci lui répondit : « Ce n'est ni la bonne volonté ni le courage qui me manquent pour accepter votre belle et aimable proposition ; mais mon infirmité s'y oppose. Tous les jours je souffre de la « *pierre* », affection qui me crée un genre d'infirmités incompatibles avec n'importe quelles fonctions. »

– « Mon bien cher ami, reprend Mgr de Pons, j'aurais bien désiré vous confier l'administration de mon diocèse ; mais, puisque vos souffrances s'y opposent, je regrette vivement d'être privé de votre longue expérience et vous souhaite du soulagement. »

Mgr de Pons et l'abbé Couvert vivaient depuis longtemps dans la plus grande intimité. M. le marquis de Pons, de Brioude, cousin du précédent, un de mes anciens clients et amis, un type de l'ancienne et bonne noblesse, dont la mère était née de Labrot, du Sauzet, m'a dit avoir été au petit séminaire le protégé, le benjamin de notre parent, et avoir quitté cet établissement en 1821 pour aller au lycée, de peur d'être maltraité par son successeur.

M. Couvert était l'ami intime des familles de Labrot et de Pons, comme nous avons déjà eu l'occasion de le dire. Cette dernière possédait, avant la Révolution de 1793, les anciens châteaux de Novacelles, d'Issendolange et de Saint-Bonnet-le-Chastel, où l'abbé Couvert était reçu et traité comme un ami intime.

CHAPITRE IX

Résumé : Influence de M. Couvert. — Sa réputation dans le Puy-de-Dôme. — Ses connaissances scientifiques ; bon professeur, réformateur et excellent administrateur. — Son désintéressement, sa générosité. — Mort à Clermont le 12 décembre 1828. — Ses états de services.

Les relations de M. Couvert avec les premières familles de l'Auvergne, avant, pendant et après la Révolution, les postes élevés qu'il avait successivement occupés avec beaucoup d'honneur, lui donnaient une grande influence dans tout le département, soit à l'évêché soit à la préfecture, et auprès de l'administration militaire. Cette influence, il la devait encore à son talent de plaire et à ses nombreux amis. Voici ce qu'il disait à ce sujet : « Chacun doit s'efforcer d'avoir le plus grand nombre possible d'amis dévoués ; un homme sans amis est comme un chef sans partisans, comme un général sans état-major. »

Mon père, qui avait vécu sous le règne de la Terreur, (il était né en 1787 et ne jugeait de la puissance d'un homme que par la crainte qu'il inspirait, comme on faisait alors), me disait, lorsque je lui demandais si son oncle Couvert avait beaucoup d'influence : « Tu me demandes si M. Couvert avait de l'influence à Clermont ! Il y faisait tout ce qu'il voulait. » Et là-dessus il m'énumérait une foule de faits et terminait invariablement par ces mots : « M. Couvert fait trembler Clermont. » M. Cisternes-de-Larroque, juge de paix, homme d'esprit, ancien élève de M. Couvert et ami intime de mon oncle curé, m'a rapporté que c'était l'expression reçue à cette époque pour dire qu'une personne était très influente dans le pays.

En 1805, c'est lui qui fit nommer curé à Saint-Germain-L'herm l'abbé Barrière, un excellent prêtre qui avait refusé de prêter le serment et avait émigré en Italie. Voici ce qui arriva à cette occasion : les habitants de Saint-Germain demandèrent d'abord M. Couvert pour leur curé ; celui-ci refusa. Alors la famille Barrière le pria de faire nommer leur parent. L'abbé Couvert, craignant de trop se mettre en évidence pour intercéder en faveur d'un de ses compatriotes, conseilla d'aller trouver Mgr l'évêque avec la recommandation de M. X., personnage très influent à l'évêché. Mgr de Dampierre refusa. Il en fut de même après la demande de plusieurs autres personnes très haut placées. Alors, sur les instances de la famille Barrière, notre parent accompagna lui-même la députation, et présenta à Mgr l'évêque une lettre de M. B... Mgr de Dampierre, en voyant l'instigateur de toutes ces instances, lui dit : « Vous avez donc, abbé Couvert, braqué contre moi tous vos canons ? Eh bien, puisque vous voulez tant l'abbé Barrière pour votre curé de Saint-Germain, vous l'aurez. »

Il fut fait suivant sa promesse.

En 1808, il fit exempter mon père de la conscription, au moyen de ses amis influents; cependant ce dernier était très robuste et bien constitué, comme tout le monde le sait. Il fut sur le point de le faire nommer percepteur à Saint-Germain, mais le marquis de Miramond, député de la Haute-Loire, ayant fait exprès le voyage de Paris, l'emporta et fit nommer Dévidal.

En 1812, M. Augustin de Léval faisait partie de la compagnie de Jéhu, dite des *chauffeurs*. Cette association se composait de légitimistes et de tous les mécontents qui voulaient renverser l'Empire, pour rétablir la monarchie des Bourbons. Ils arrêtaient les malles-postes et enlevaient l'argent des recettes qu'elles portaient, uniquement pour priver l'État de ses ressources, sans faire du mal à personne : cependant il paraît qu'une fois le postillon ayant voulu faire résistance, et ayant tiré un coup de pistolet sur la troupe des conspirateurs qui l'arrêtaient, ceux-ci irrités le tuèrent. M. Augustin de Léval fut gravement compromis dans cette affaire : il faillit être décapité et ne dut son salut qu'aux démarches et aux protections de M. Couvert (Les papiers de ce procès sont encore entre les mains de ma tante Catherine).

Le cousin Bonneton m'a raconté qu'en 1818 son père conduisit son fils à Clermont et pria M. Couvert de le faire entrer tout de suite au grand séminaire, vu qu'il avait fait ses classes chez M. Jourde. Notre parent posa quelques questions au fils Bonneton, et comme il vit qu'il était assez intelligent, il lui dit : « Ça suffit, je vais te faire entrer tout de suite au grand séminaire. Tiens, voilà une lettre que tu donneras à M. le Supérieur et il t'admettra. » Ce qui fut dit, fut fait.

Ma tante Gaudias m'a rapporté qu'en 1822 elle avait été voir M. Couvert, avec la famille Bonneton, au moment de l'ordination de leur fils. Notre parent, retiré alors dans sa maison des Carmes, était à table, dans ce moment ; mais comme la domestique lui dit que c'étaient des visiteurs de Saint-Germain, il ordonna de les faire entrer immédiatement. Admis devant lui, il les reçut très bien et les engagea à prendre quelque chose ; leur parlant de Saint-Germain, il chercha à les mettre tout de suite à leur aise, en leur demandant, en patois, *si les airelles étaient mûres.* Ma tante m'a dit qu'elle n'osait remuer au commencement, mais qu'aussitôt que M. Couvert eût prononcé ces deux ou trois mots en patois, elle s'était sentie tout à fait à son aise. L'abbé Bonneton s'était alors plaint à son protecteur, lui disant : « Vous m'aviez promis de me faire nommer vicaire à Clermont ou dans les environs, et voici qu'on m'a envoyé à Chateldon ! »

« — Ah ! lui répondit M. Couvert, Chateldon c'est mon pays ; j'ai resté à Thiers, c'est tout près, je le connais. Chadeldon est un bon pays, il y a beaucoup de volailles. Que vous faut-il de mieux ? Il est vrai qu'il n'y a pas de jolies femmes, mais il n'en faut pas pour nous. » Après avoir resté quelques mois à Chateldon, Bonneton fut nommé vicaire à Mirefleurs, sur la demande de son protecteur.

Nous aurions une foule d'autres faits à citer, mais ils nous entraîneraient trop loin. Qu'il nous suffise de savoir que M. Couvert était une véritable providence pour ses parents et amis, et pour tous les habitants de Saint-Germain : MM. Barrière, Hospital, Verrières, Jourde et une foule d'autres m'ont dit que notre parent était le protecteur de tous ses compatriotes ; que si quelqu'un avait une grâce, une faveur à demander, on ne savait que dire : « Il faut aller, à Clermont, trouver l'abbé Couvert qui nous aidera de son puissant concours. » C'est en effet ce qui avait toujours lieu. Maintenant que nous connaissons M. Couvert comme homme politique et religieux, nous dirons qu'il a dû exercer, de 1801 à 1828, et même longtemps après sa mort, une influence immense sur la génération qui l'avait connu : En effet, celui qui avait traversé toute la Révolution Française, renoncé volontairement à sa place et à tous ses appointements, supporté toute espèce de persécutions, l'exil et la perspective même d'une mort presque certaine, plutôt que d'être parjure à sa foi et de fléchir le genou devant l'idole de l'impiété ; celui qui, en 1805 et en 1811, avait été appelé à réorganiser le collège et le petit séminaire par les Clermontois eux-mêmes, était bien capable d'inspirer aux générations présentes et futures des idées de foi, de morale et de religion. Il était la personnification vivante de la religion persécutée, foulée aux pieds d'abord et puis sortant triomphante de cette lutte de géants.

Sa présence seule parlait plus éloquemment, en faveur des principes du droit et de la religion, que les plus beaux discours et les plus savants ouvrages.

M. Couvert avait, dès sa jeunesse, montré beaucoup d'intelligence : nous le voyons dans toutes ses classes, jusqu'en théologie, remporter tous les prix ; ses diplômes obtenus à l'Université de Valence, son titre de lauréat de cette Université, ses nominations de premier vicaire à Thiers, puis de curé de canton à Cunlhat, son professorat au collège de Clermont de 1788 à 1791, son principalat dans ce même collège de 1805 à 1808, sa nomination de curé des Carmes de 1809 à 1811, son supériorat au petit séminaire de 1811 à 1821, ses titres d'officier de l'Instruction publique, de chanoine honoraire, de chanoine titulaire, de membre de la fabrique des Carmes et de la cathédrale, de membre du conseil de l'évêque, etc., etc., prouvent suffisamment qu'il n'était pas un homme ordinaire.

MM. Douce et Verdier m'ont dit qu'il était bon mathématicien pour son temps ; il nous en reste encore une preuve, c'est un énorme cahier fait et écrit par lui, où se trouvent toute l'arithmétique très bien expliquée et une foule d'applications, de problèmes. C'est un véritable traité d'arithmétique.

Sur la première page est écrite, de la main de M. Couvert, la phrase suivante : « L'Arithmétique sera enseignée suivant cet ordre : » Ce traité, d'après les problèmes historiques qu'on y trouve a été fait de 1802 à 1812 ; c'était donc, lorsque notre parent était principal au collège et plus tard supérieur au petit séminaire, qu'il avait enseigné les mathématiques et ordonné à ses professeurs d'enseigner l'arithmétique suivant l'ordre de son traité. Ce cahier est écrit à la ronde (écriture de M. Couvert), très bien peint, sans tache, bien orthographié, très concis, très clair, avec un ou deux feuillets blancs après chaque règle, afin de pouvoir ajouter ce qu'il jugerait à propos.

C'est un traité où l'on voit l'homme *pratique* ; après l'avoir lu, on reconnaît que le professeur s'est attaché à donner à ses élèves une foule de problèmes qui leur permettraient un jour de remplir les différents emplois de la société. L'état militaire, appelant alors à lui une foule de jeunes gens, a sa bonne part des problèmes.

Un grand nombre d'autres, tirés de l'astronomie et de la physique, prouvent que ces sciences étaient familières à notre grand-oncle. Dans sa bibliothèque, dont j'ai hérité, j'ai trouvé douze ouvrages de quatre à cinq volumes chacun, traitant de l'arithmétique, de l'algèbre, de la géométrie, de la physique, de l'astronomie, de la minéralogie; tous étaient remplis de notes écrites de sa main, sur la marge ou sur de petites feuilles de papier : cela nous prouve qu'il s'était beaucoup occupé de mathématiques, d'histoire naturelle, et qu'il avait enseigné ces sciences.

J'ai trouvé dans sa bibliothèque mille cinq cents volumes appartenant soit aux sciences, soit à l'histoire, soit à la littérature sacrée et profane. On y voit la Bible de don Calmet, en quatre volumes in-folio, avec planches, le Dictionnaire de Moreri, l'Encyclopédie du XVIIIe siècle, plusieurs traités d'histoire ancienne et moderne, le Dictionnaire historique, toute la littérature sacrée, tous les classiques, *la Somme* de saint Thomas, la philosophie, la théologie, etc., etc. Il avait, en un mot, une très jolie bibliothèque pour cette époque. Je me rappelle qu'elle était très estimée par les érudits qui la voyaient chez mon oncle, curé à Novacelles.

C'était là que tous les curés voisins venaient chercher les renseignements qu'ils ne pouvaient trouver ailleurs et dont ils avaient besoin pour leurs conférences. M. Couvert ne se contentait pas d'avoir une belle bibliothèque, il la cultivait : la preuve s'en voit par les nombreuses notes que j'ai trouvées dans la plupart de ses livres. L'Encyclopédie du XVIIIe siècle, ouvrage de Diderot et de plusieurs autres savants, qui prêche souvent le *doute*, le *matérialisme*, est pleine de notes de notre grand-oncle, où il combat l'erreur.

MM. Douce et Verdier m'ont dit que l'abbé Couvert prêchait rarement mais bien, et d'une manière très digne et très intéressante.

Mon oncle curé avait un cahier de sermons composés par son parrain, qu'il disait être très bien faits. M. Laval, ancien curé de Saint-Bonnet-le-Bourg m'a assuré avoir lu ses sermons et les avoir admirés.

Voici l'appréciation de notre parent sur l'une des innovations de Quatre-Vingt-Treize, que je trouve dans son traité d'arithmétique. à propos du système décimal, telle qu'il l'a écrite :

Des savants avaient déjà proposé plusieurs fois à l'ancien gouvernement d'établir une uniformité générale dans les poids et mesures; les avantages de cette opération étaient reconnus, mais on craignait avec raison de l'entreprendre, parce que l'expérience a démontré que les innovations sont généralement dangereuses et entraînent toujours après elles quelques bouleversements. Cette observation a été faite dès la plus haute antiquité. Ce danger n'existait pas dans la Révolution; le bouleversement de l'Etat ne pouvait guère devenir plus grand, il était à son comble, et nos législateurs n'ont d'autre mérite que d'avoir saisi l'occasion, car la conception de leur projet ne leur appartenait pas.

La nomenclature enrichie ou hérissée de termes grecs et latins est un autre genre de mérite, que nous n'aurons pas l'injustice de leur refuser. Le calcul décimal est, du reste, une méthode très précieuse par sa simplicité et sa généralité, peu à peu le peuple s'y accoutemera.

En homme prudent et expérimenté, M. Couvert craint les innovations, mais il admet les bonnes découvertes et les accepte. Sa longue expérience le rendait clairvoyant en politique : c'est ainsi qu'en 1827 il annonçait la Révolution de 1830 : « Dans deux ans, disait-il à mon père et à mon oncle curé, vous verrez une autre révolution. » Il ne se trompait pas, deux ans et demi après éclata la Révolution de 1830. Je me rappelle avoir entendu dire à mon oncle Coste : « L'abbé Couvert nous l'avait bien prédite. »

J'ai trouvé dans sa bibliothèque un recueil de pièces de vers et de prose écrites de sa main, de 1769 à 1808, qui prouvent qu'i avait du goût pour la littérature et que, s'il avait eu le temps de s'en occuper, il aurait réussi.

Le premier volume des œuvres du poète Jean-Baptiste Rousseau nous offre deux pages de critique littéraire, écrite de la main de notre parent; elles sont très bien faites et sont une appréciation exacte des ouvrages de l'auteur.

Je ne suis étonné que d'une chose, c'est qu'un homme, qui avait eu une vie si agitée et si remplie, ait pu s'occuper de tant de sujets divers. En effet, était-ce pendant les sept ans passés dans les camps ou pendant les dix années de persécution et d'exil? En avait-il plus le loisir lorsqu'il était à la fois principal et économe soit au collège, soit au petit séminaire de Clermont? Non, certes; le professorat, la surveillance de l'enseignement et l'administration devaient passer avant tout. Telles furent les occupations de presque toute sa vie. Il excellait à enseigner; et, chose extraordinaire, c'est qu'à cette époque, où les professeurs menaient assez durement la jeunesse, il parvint, lui, à se faire des amis de tous ses élèves. Ceux-ci le craignaient comme la foudre et en même temps le respectaient et l'aimaient comme un père : il était né pour le commandement.

En homme de génie, il jugeait un élève en le voyant, et il ne se trompait guère.

Ses titres de bachelier, son professorat au collège et ailleurs, ses grandes connaissances du monde et des affaires pratiques de la vie, lui permirent de comprendre que les études du séminaire étaient par trop classiques ; aussi, il se hâta de leur imprimer une direction salutaire vers les sciences positives, telles que les mathématiques, l'histoire naturelle, la physique, la chimie, l'histoire des peuples, pour laisser un peu le latin et les classiques. Les études étaient arriérées au petit séminaire, comme dans tous les établissements religieux; il leur fit faire un pas en avant et les mit à l'unisson avec celles des collèges et avec les exigences de l'époque.

Comme administrateur, il a laissé une réputation sans égale soit au collège, soit au séminaire. Il fallait bien que les habitants de Clermont lui reconnussent un grand mérite pour le charger, en 1805, de réorganiser leur collège, lui un prêtre non assermenté, un légitimiste, et à une époque où le gouvernement de Napoléon rejetait le clergé! Il ne tarda pas à justifier la haute idée qu'on avait conçue de lui ; le collège fut rapidement réorganisé et fleurit sous son principalat, comme nous l'avons déjà prouvé.

Mais le gouvernement, nous venons de le dire, ne voulait pas laisser la jeunesse entre les mains du clergé, et en 1808, il remplaça, par un principal laïque et des professeurs laïques de la nouvelle Université, notre organisateur et tous les prêtres qu'il s'était adjoints pour enseigner.

La Révolution avait détruit les principes religieux; il eut le mérite et la gloire de les faire revivre dans la nouvelle génération. Arrivé au petit séminaire, le voilà de nouveau en lutte avec l'Université et l'impiété révolutionnaire; mais alors il combat à armes égales avec les universitaires, et dès lors la victoire lui est assurée; bientôt il triomphe sur toute la ligne et élève le petit séminaire au-dessus du lycée : en effet, ce dernier n'avait que 146 élèves internes, tandis que le petit séminaire en avait toujours de 220 à 250, ainsi qu'on peut le voir dans les annuaires de ces époques.

Comme nous l'avons déjà dit, professeurs et élèves adoraient leur supérieur. Sa fête arrivait-elle, tous les élèves s'empressaient de la lui souhaiter, de lui faire des cadeaux, des compliments, des vers, etc., etc. Nous possédons deux de ses portraits peints à l'huile, presque de grandeur naturelle, qui lui furent ainsi donnés : une autre année on lui donna une tabatière en or, etc.

J'ai vu, chez mon oncle curé à Novacelles, un grand nombre de petits cadres, dans le genre des quatre que je conserve religieusement, et dont voici le contenu :

ÉLÈVES DE SECONDE.

Air : *Si Dorillas médit des femmes.*

Pour l'avenir ses leçons sages
Nous font espérer d'heureux jours :
Benoît, l'objet de nos hommages,
L'est constamment de nos amours.
O ciel, écoute ma prière :
Couronne aujourd'hui ses bienfaits,
Accorde, accorde à notre père
La douceur d'une longue paix ! (bis)

TOUS LES ÉLÈVES ENSEMBLE.

Air : *Plantons le Mai.*

Chantons Benoît,
Vive Benoît,
Benoît, Benoît, vive à jamais Benoît !
Il aime la belle jeunesse :
Chantons Benoît,
Vive Benoît,
Benoît, Benoît, vive à jamais Benoît !

Au milieu de ces deux cadres se trouve un bouquet de pensées :

ÉLÈVES DE CINQUIÈME.

Air : *Jupiter un jour en fureur...*

Quand on s'apprête à vous chanter,
A vous rendre un fidèle hommage,
Ne pourrions-nous donc à notre âge,
Un moment nous faire écouter ?

Chacun ne cherche qu'à vous plaire;
C'est à qui mieux réussira;
Mais nul ne vous offrira (bis)
D'hommages plus sincères.

ÉLÈVES DE QUATRIÈME.

Air : *Réveil du Peuple...*

De notre ami parlons encore,
Du guide de nos jeunes ans :
Dieu le bénit, chacun l'adore :
Il est l'idole des enfants.
D'une profonde prévoyance,
Toujours..........
Prompt à pardonner l'enfance.
Il ne veut que nous rendre heureux.

Ma cousine Marie Sabattier a eu l'obligeance de me communiquer la note suivante :

ORDRE DU CÉRÉMONIAL DE LA FÊTE DE M. COUVERT.

Lundi 20 mars, après la classe du soir et la distribution du goûter, MM. les élèves se rendront en silence dans la nouvelle chapelle et se rangeront sur les bancs collatéraux, laissant le parquet libre; MM. les musiciens et les chanteurs monteront à la tribune; ceux qui sont chargés de complimenter M. Couvert et les porte-bouquets se tiendront dans le sanctuaire; M. Couvert arrivera par la porte de la sacristie : A son entrée, MM. les musiciens joueront rapidement l'air : *Où peut-on être mieux*?

Immédiatement après, M. de Pons chantera son refrain, accompagné d'un violon; les chanteurs diront le premier couplet de leur chanson; M. de Pons leur répondra et en fera autant à tous les autres couplets. La chanson et le couplet finis, M. de Grandchamp récitera, sans gestes, son compliment; M. d'Aubière présentera aussitôt la corbeille de fleurs à M. Couvert, en lui disant, au nom de ses condisciples, les vers qu'il aura appris. M. Ducrochet remettra à M. Couvert le petit tribut de reconnaissance qui lui est destiné, avec quelques mots de félicitation.

MM. les musiciens commenceront la fête par l'exécution de plusieurs symphonies ».

Cet ordre cérémonial est très bien écrit sur une feuille de papier à bordures vertes et fleurdelisées, avec un bouquet de six pensées à l'angle supérieur gauche. Tous ces détails, toutes ces minuties nous prouvent le respect, l'amour et la reconnaissance qu'on avait pour M. Couvert.

D'après un registre où j'ai le nom des élèves cités plus haut, cette célébration de la fête de M. le Supérieur a eu lieu en mars 1820.

M. Couvert avait un caractère ferme, énergique, indomptable, et était possédé du noble orgueil d'arriver, comme nous le voyons par ses actes.

Rentré au collège de Brioude, il ne cesse de travailler jour et nuit, jusqu'à ce qu'il occupe le premier rang dans sa classe : il a dit, en quittant le toit paternel : « Je serai le premier», et il tient parole.

A dix-huit ans il s'engage, malgré l'opposition de ses parents; mais l'organisation vicieuse de toutes nos administrations de cette époque ne lui permet pas de dépasser le grade d'adjudant, et paralyse ainsi le feu sacré de notre jeune héros qui, sans cela, serait un jour arrivé au grade de général, comme les Hoche, les Pichegru, les Kellermann, enfants du peuple et simples engagés volontaires. A défaut de guerre et d'avancement, il s'occupe d'escrime et devient bientôt *prévôt*.

A vingt-cinq ans, homme déjà sérieux, positif, il est ennuyé de cette vie abrutissante et sans gloire des casernes et renonce à l'état militaire. Tout autre aurait végété dans son village, lui, non : il se hâte d'entrer dans une carrière où il pourra avoir de l'avancement suivant son mérite et son travail. Entré dans l'état ecclésiastique par un coup de la Providence, il deviendra bientôt la gloire et l'apôtre de la religion.

C'est en vain que Quatre-Vingt-Treize dresse ses échafauds contre les prêtres, il refuse de prêter le serment exigé et préfère les souffrances, les persécutions, la misère, l'exil et la mort même, plutôt que d'être parjure à ses serments : il aurait pu, cependant, comme les Talleyrand de Périgord et tant d'autres, prêter le serment exigé par la Constituante et jouer un certain rôle dans son pays...

Son humeur belliqueuse, son dévouement à la légitimité et à la défense de la religion, tout pouvait l'engager à laisser le froc pour reprendre son casque de dragon et se joindre soit à l'armée de Condé, soit aux Vendéens, soit aux émigrés de Quiberon : il aurait pu encore offrir ses services aux armées républicaines; mais non, il ne fait rien de tout cela. M. Couvert s'est fait prêtre par vocation, par conviction; il a juré d'être prêtre et il sera, jusqu'à sa mort, fidèle à sa religion et à ses serments.

Disons ici qu'il déplorait de toute son âme les excès de la Révolution Française; mais il n'aurait jamais voulu, lui l'enfant du peuple, prendre les armes contre sa patrie, contre sa chère France. « Un prêtre, disait-il, doit se poser au-dessus des opinions politiques, au-dessus des partis; pour le ministre d'un Dieu bon, il n'y a que des chrétiens et pas de partisans : il doit être le ministre de Dieu et non des partis. Les controverses des humains ne le regardent pas; il est le consolateur, le bienfaiteur de tous les mortels sans distinction aucune. Affranchi des entraves de la politique, quel beau rôle il a à jouer sur la terre! »

M. Couvert était un bon prêtre. Voilà les sentences qu'il avait écrites de sa propre main au commencement de son bréviaire :

Breves dies hominis sunt : numerus mensium ejus apud te est : constituisti terminos ejus qui præteriri non poterunt. (JOB, chap. XIV, volume V.)

Incessenter consideremus quid velit Dominus, quid placeat ei, quid acceptum sit coràm ipso.

Undè superbit homo? Cujus conceptio culpa, nasci pœna; labor vita, necesse, mori.

De telles maximes n'ont pas besoin de commentaires; elles prouvent mieux que tout ce que je pourrais dire, ce qu'était M. Couvert.

Après dix ans d'exil et de persécutions, la récompense due à tant de souffrances et à tant de vertus vint au-devant de lui. Grâce à sa maxime : *Labor improbus omnia vincit*, il arriva aussi haut qu'un enfant du peuple pût arriver à cette époque, et malgré tous les obstacles qu'il rencontra sur son chemin. Quelques temps après, l'heure des infirmités sonna aussi. Mais, dans l'adversité comme dans la prospérité, nous lui voyons toujours la même énergie, la même activité, le même courage. C'est vraiment l'homme d'Horace :

« *Et cuncta terrarum subacta,*
« *Præter atrocem animum Catonis.*
« *Si fractus illabatur Orbis,*
« *Impavidum ferient ruinæ.* »

M. Couvert était un homme généreux, reconnaissant, ne tenant pas à l'argent.

A l'époque du mariage de ma grand'mère, il l'institua son héritière universelle, tant pour ses biens présents que futurs, et cela, pour témoigner sa reconnaissance à sa tante, sa mère adoptive.

En 1794, au moment de partir pour l'exil, il confia à sa cousine, sa sœur d'adoption, les 6.000 francs qu'il possédait, produit de son travail et de ses économies, lui disant : « Si vous en avez besoin, servez-vous-en ; si je meurs, ils sont à vous. » Toutes les fois qu'il venait à Saint-Germain, il faisait des cadeaux à mes tantes, à mon père et à mon oncle curé.

Le 29 avril 1812, il vint exprès à Saint-Germain pour assister à l'enterrement de notre grand-père, Antoine Coste, qu'il aimait beaucoup. Antoine Coste était un enfant du peuple très estimé de ses concitoyens, d'une probité sans égale, très actif, très intelligent. Les notaires Lemerle et Barrière lui faisaient signer tous leurs actes. Mes tantes m'ont dit que mon père lui ressemblait sous tous les rapports. Notre grand-père mourut le 27 avril 1812, âgé de 50 ans, des suites d'une chûte qu'il avait faite, un an avant, en faisant construire la maison occupée aujourd'hui par M. Mosnier, passementier.

Disons ici un mot de ma grand'mère, Agathe Coste : Je l'ai connue beaucoup. C'était une grande et belle femme, se présentant bien et sachant faire ses honneurs.

Elle avait beaucoup d'esprit, et ses paroles portaient sentence, comme on dit. A ses manières, à ses formes, à ses paroles, on reconnaissait qu'elle avait fréquenté la bonne compagnie ; c'était celle de M. Couvert.

Excellente épouse, bonne mère de famille, elle avait très bien élevé ses enfants, au nombre de huit. Elle mourut le 31 août 1843 d'une maladie du foie, âgée de 74 ans, chez son fils à Novacelles.

En 1815, ma mère s'étant accouchée de notre sœur Agathe, et notre grand-oncle se trouvant dans nos montagnes, nos parents lui proposèrent d'être parrain. Il répondit : « Si c'était un garçon, je voudrais qu'il fut mon filleul, et je ferais sonner les cloches et le clocher. Nous attendrons donc pour cela que vous ayez un fils. »

Huit jours après, il envoyait, de Clermont, un joli cadeau à ma mère.

En 1818, M. Lafarge dit à ma grand'mère : « Votre parent prête de l'argent à fonds perdus, demandez-lui-en ; il vaut bien autant que vous en profitiez qu'un autre. » Ma grand'mère lui dit donc un jour : « Puisque vous prêtez de l'argent à fonds perdus, nous vous en prendrions avec bien du plaisir, quoique nous n'en ayons pas besoin. Nous vous payerons régulièrement les intérêts. »

M. Couvert lui prêta aussitôt 3.000 francs. Il prit les intérêts pendant trois ans, puis il dit à ses parents qu'il leur faisait cadeau du capital et des intérêts. Ceci prouve que notre grand-oncle n'avait pas profité de sa position de supérieur pour mettre beaucoup d'argent de côté et pour s'assurer un revenu fixe en vue de l'infirmité dont il souffrait déjà.

En 1824, dînant un jour chez mon père à Saint-Germain, et voyant couché dans un lit mon frère aîné, celui qui plus tard fut avoué à Ambert, il dit à ma mère : « Est-ce un garçon ou une fille que vous avez là ? »

— C'est un garçon, mon oncle, lui répond ma mère.

— Quel âge a-t-il ?

— Cinq ans.

— C'est dommage qu'il n'ait pas huit ans. S'il était grand comme sa sœur (il montrait alors ma sœur Myette), nous en aurions fait quelque chose : mais aujourd'hui je suis trop vieux pour vivre assez longtemps afin de lui être utile.

Dans son élévation, il n'avait jamais oublié ses anciens amis et camarades d'enfance. Ainsi ma tante Catherine m'a dit qu'il ne venait pas une fois à Saint-Germain sans demander des nouvelles du père Ahon, de Pégoire, le bisaïeul de mes neveux Ahon, homme très respectable qui était de son âge, qu'il aimait et estimait beaucoup ; ils s'étaient connus et liés d'amitié en servant la messe ensemble dans la chapelle du château de Sauzet, chez les MM. de Labrot.

Aussitôt que ses souffrances l'empêchèrent de remplir convenablement ses fonctions de supérieur et de chanoine titulaire, il donna sa démission. Mgr l'Evêque, connaissant sa position de fortune modeste par suite de son grand désintéressement, voulut qu'il gardât son canonicat comme retraite et récompense.

M. Couvert donna à la paroisse des Carmes une cure, au petit séminaire un corps de bâtiment et un jardin qu'il avait achetés de ses deniers. Nous avons vu que, pendant son supériorat, il envoyait tous les ans à l'évêché de 25.000 à 35.000 fr de bénéfice. De société avec M. Cabane, curé des Carmes, et avec le père de

M. Vazeilhes, notaire, il fit construire la maison de santé de Sainte-Marie à Clermont et la légua à la ville. Après sa mort, ma grand'mère donna encore 745 fr. pour finir de payer les dépenses de la construction de cet établissement.

Il refusa la place de vicaire général du diocèse de Moulins, que lui offrait son ami Mgr de Pons de Lagrange, en 1823.

Il avait gardé plusieurs années auprès de lui à Clermont mes tantes Myon et Antoinette. C'est lui qui fit faire les études de mon oncle curé : mes tantes Sabattier et Hospital avaient fait, grâce ses générosités, leur instruction aux couvents d'Auzon et de Saint-Amand-Roche-Savine.

En 1822, il contribua de son influence et de sa bourse pour faire donner une mission à Saint-Germain-l'Herm. Aussi fut-il formalisé de ce qu'on n'avait pas mis parmi les chanteuses notre tante Antoinette; à cette occasion il dit : « On aurait bien dû faire passer parmi les chanteuses cette enfant, et avec d'autant plus de raison, que j'ai contribué un peu à faire donner une mission à Saint-Germain. »

On lui répondit qu'elle n'avait pas de voix pour chanter. Il avait fait bien d'autres libéralités que j'ignore encore. Il fut donc le bienfaiteur de la paroisse des Carmes, du petit-séminaire, de la ville de Clermont, de sa famille et de tous ses amis.

Son terrible ennemi, « la pierre » ne cessa de le faire souffrir. En 1827 et en 1828, il ne put venir au sein de sa famille.

Le 6 décembre 1828, il fut pris par la fièvre *urineuse*, se mit au lit et mourut le 12 décembre, âgé de 77 ans et 8 mois, dans sa maison des Carmes. Aussitôt qu'il s'alita, il fit mander sa famille : mais le courrier ne pouvant venir à Saint-Germain, à cause de la grande quantité de neige tombée, sa lettre n'arriva pas. Il est bon que le lecteur sache qu'à cette époque, le service de la poste se faisait à pied d'Ambert à Saint-Germain l'Herm, et fort mal. Toutes les communications étaient interceptées en hiver, pendant un mois et quelquefois deux.

Nos parents apprirent sa maladie et sa mort en même temps. Accompagnée de mon père, ma grand'mère partit immédiatement pour Clermont. Là, elle apprit que son cousin l'avait souvent demandée pendant sa courte maladie.

Prévoyant sa mort prochaine, notre grand-oncle avait chargé de ses dernières volontés son ami M. Eymard, secrétaire de l'évêché. Il lui avait donné 1800 fr. pour faire face aux dépenses,

En vrai chrétien, il vit approcher sa dernière heure avec calme et sérénité. Il fit une belle mort, la mort du juste qui s'attend à recevoir dans une autre vie la récompense due à son mérite.

Mgr de Dampierre lui fit rendre les plus grands honneurs : Ses nombreux amis, ses anciens élèves, tout le petit séminaire, toute la ville de Clermont assistèrent à ses funérailles. Il fut enterré dans le cimetière des Carmes : une pierre tumulaire avec inscription fut déposée sur sa tombe. Pendant longtemps on a parlé de M. Couvert, dans toute l'Auvergne, avec respect et amour. Après sa mort, conformémeut à la convention dont nous avons parlé plus haut, M. Rochon, alors curé des Carmes, entra en jouissance de sa maison.

Disons en passant qu'il ne donnait pas un moment à ma grand'mère pour sortir le mobilier de notre parent. Il n'eut pas l'avantage d'être aussi aimé que lui dans cette même paroisse. En voici la preuve : Aubert, le mari de notre cousine Agathe Mousset, m'a raconté qu'en décembre 1838, M. Rochon n'ayant pas voulu laisser enterrer, dans le cimetière, M. de Montlosier, parce que celui-ci avait refusé de donner sa rétractation au sujet de ses écrits antireligieux, les habitants de Clermont envahirent sa cure, jetèrent tous ses meubles par les fenêtres et les firent brûler, en criant, en vociférant contre leur curé.

Aubert, qui était parmi les curieux, m'a certifié avoir entendu dire par la foule : « Nous n'aurions pas traité ainsi l'abbé Couvert; bien plus, nous l'aurions défendu si quelqu'un avait eu le malheur de l'attaquer. »

De 1846 à 1849, me trouvant à Clermont comme élève en médecine, j'ai été étonné de voir que toutes les personnes âgées de 50 ans se rappelaient encore M. Couvert et en avaient conservé le meilleur souvenir. Aujourd'hui encore, 50 ans après sa mort, vous trouvez de ses élèves qui en parlent avec enthousiasme.

En vertu de la donation par contrat de mariage, que son parent avait fait à ma grand'mère, celle-ci se rendit son héritière universelle. Elle paya les médecins, MM. Pourcher et Fleury, et donna 745 fr. pour la maison de santé de Sainte-Marie, conformément aux dernières volontés de son cousin. M. Couvert nous laissa un très joli mobilier, certaines propriétés et quelques créances. Mais sa fortune mobilière et immobilière était peu considérable et bien au-dessous de ce qu'elle aurait pu être, vu les postes élevés et très lucratifs qu'il avait occupés.

Aristides mortuus est pauper. (Aristide le juste mourut pauvre.) Son mobilier se composait de literie, secrétaire, commode, bureau, bibliothèque, pendules, argenterie, glaces, fauteuils style Louis XVI, canapé en velours jaune d'Utrecht, etc., etc... Il fallut six grandes voitures pour l'emmener.

C'est moi qui ai eu son lit de fer à baldaquin, garni de rideaux en toile perse. C'est un lit de camp qui avait fait le tour de l'Europe. Cimer, un des généraux de Napoléon Ier, l'avait donné à mon oncle.

Quelque temps après, le général se maria avec la marquise de Dartisse, de Saint-Quentin, château voisin de Saint-Germain-Lembron.

La famille Sabattier possède le secrétaire de notre parent. Chaque membre de la famille a eu quelque chose qu'il conserve précieusement comme souvenir.

Nous tous, membres de la famille Coste, avons une dette de reconnaissance à payer à la mémoire de Benoît Couvert et de Benoît Coste. En effet, c'est grâce à ces deux parents qui ont fait du bien à nous tous, que nous sommes arrivés à être quelque chose dans la société. Hommage, amour et reconnaissance à nos deux bienfaiteurs! Que leur mémoire vive éternellement dans nos cœurs, et que nos arrière-neveux connaissent la vie de ces deux hommes de bien et de talent! Notre culte pour ceux qui ont bien mérité de la famille, leur apprendra un jour à avoir envers ceux des leurs qui en seront dignes les mêmes sentiments que nous avons pour nos ancêtres, qui nous ont précédé dans le chemin du devoir et de l'honneur. Marchons sur leur trace, soyons unis surtout, et nous aussi, nous sortirons de notre ornière et nous obtiendrons les vrais titres de noblesse, qui aujourd'hui sont les seuls glorieux, savoir : la probité, le travail, l'intelligence, la noblesse des sentiments et les bienfaits prodigués à ses semblables.

Gambetta a dit, avec beaucoup de justesse, que l'on ne doit reconnaître d'autre supériorité que celle qui résulte de la vertu, du talent ou d'un service rendu.

Claude Bernard prétend que les hommes ne sont grands, que par les bienfaits qu'ils ont prodigués à leurs semblables. C'est ainsi que l'humble ruisseau finit par devenir grand fleuve, que les plus modestes familles, que les plus petits peuples arrivent au sommet de la gloire.

ÉTAT DE SERVICES DE M. COUVERT

Benoît Couvert naquit en 1751, à Saint-Germain l'Herm (Puy-de-Dôme), eut de brillants succès dans ses études, s'engagea comme volontaire dans les dragons, puis abandonna le casque pour entrer dans le sacerdoce et fut ordonné prêtre en 1780.

Il obtint le grade de *bachelier* en *droit civil* et de *bachelier* en *droit canon* à l'Université de Valence; de 1786 à 1787, lauréat de la même Université; premier vicaire à Thiers de 1785 à 1787, curé de canton à Cunlhat en 1788, professeur au collège de Clermont-Ferrand de 1788 à 1791, il refuse de prêter le serment alors exigé des prêtres, émigre en Angleterre et revient en France au Concordat, en 1801.

Principal du collège de Clermont de 1805 à 1808, curé des Carmes de 1809 à 1811, supérieur du petit séminaire de Clermont de 1811 à 1822, membre de la fabrique des Carmes et de la cathédrale, chanoine honoraire et puis chanoine titulaire, membre du conseil de l'évêque, membre de l'Académie de Clermont, officier de l'instruction publique, bienfaiteur du petit séminaire et de la ville de Clermont, il mourut dans sa maison des Carmes, le 12 décembre 1828, aimé, estimé, admiré et regretté de sa famille et de tout le département du Puy-de-Dôme, ainsi que des nombreuses générations d'élèves qu'il avait formées.

FIN

TABLE DES MATIÈRES

DÉSACIDIFIÉ A SABLE
EN : 24 OCT. 1951

Angers, imprimerie Burdin et Cie, rue Garnier, 4.

BIBLIOTHÈQUE NATIONALE IMPRIMÉS

www.ingramcontent.com/pod-product-compliance
Ingram Content Group UK Ltd.
Pitfield, Milton Keynes, MK11 3LW, UK
UKHW020330180726
13839UKWH00002B/627

9 782329 455686